Weisheit für die Seele

Weisheit für die Seele

Gute Gedanken für alle Tage

HERDER

FREIBURG · BASEL · WIEN

Sonderband 2007

Herausgegeben von Sylvia Müller und Ulrich Sander

Beiträge

Adalbert Ludwig Balling
Benedikt XVI.
Franz-Josef Bode
Dietrich Bonhoeffer
Phil Bosmans
Paul Deselaers
Georg Christian Dieffenbach
Peter Dyckhoff
Marie von Ebner-Eschenbach
Joseph von Eichendorff
Erich Fried
Frère Roger, Taizé
Khalil Gibran
Gisbert Greshake
Brüder Grimm
Anselm Grün
Rainer Haak
Christian Heidrich
Hermann Hesse
Wolfgang Huber
Ignatius von Loyola
Franz Kamphaus
Margot Käßmann
Karl Kardinal Lehmann
Anthony de Mello
Antje S. Naegeli
Henri Nouwen
Huub Oosterhuis
Karl Rahner
Rainer Maria Rilke
Anton Rotzetter
Johann Michael Sailer
Ulrich Schütz
Andrea Schwarz

Christa Spilling-Nöker
Sabine Stadtfeld
Pierre Stutz
Sascha Veitl
Joachim Wanke
Bärbel Wartenberg-Potter
und die Bibel

Vorwort

„Weisheit für die Seele" ist dieses Buch überschrieben. Es versammelt Gedanken spiritueller Lebensweisheit: Momente des Innehaltens in einer schnelllebigen Zeit.

Denn jeden Tag stürzen unübersehbar viele Wissensdaten auf uns ein, vor allem durch die vermehrte Zahl der Fernsehsender und -sendungen und durch das Internet. Was noch heute als der letzte Stand der Wissenschaft verbreitet wurde, ist morgen bereits von gestern. Was heute noch die Gemüter erregt, ist morgen aus den Schlagzeilen und Medienbildern und damit aus unserem Bewusstsein verschwunden. In diesem Wissenskarussell ist es gut, die Orientierung zu behalten. Unterscheiden zu können, was wirklich wichtig für unser Leben ist.

Weisheit ist eine solche Kraft der Unterscheidung. Sie verdankt sich nicht angelerntem Wissensstoff, sondern der Erfahrung des Lebens. Weisheit fällt nicht vom Himmel. Sie wird weitergegeben von Generation zu Generation. Die bekannten Autorinnen und Autoren dieses Bandes erschließen den Erfahrungsschatz ihres eigenen Lebens und unserer spirituellen Wurzeln: gute Gedanken für alle Tage unseres Lebens.

„Mehr Himmel wagen" raten sie uns (Kapitel 1) und machen damit Mut, sich auch in den Tretmühlen des Alltags die freie Luft zum Atmen nicht nehmen zu lassen und bewusst die Lebendigkeit jedes neuen Tages zu begrüßen.

„Einfach vertrauen" raten sie uns (Kapitel 2) und weisen darauf hin, dass Weisheit auf kein Lebensalter begrenzt ist: Gerade der unverstellte Blick der Kinder und Kleinen sieht die Wirklichkeit oft mit den Augen der Weisheit. „Mit dem Herzen sehen" (Kapitel 3) ist daher der Rat spiritueller Lebensweisheit, die Einsicht, dass alles „Faktenwissen" uns Menschen nicht weiterführt, wenn es nicht eingebettet ist in ein „Beziehungswissen", aus dem heraus wir uns selbst und unsere Mitmenschen annehmen und wertschätzen können.

„Alles wird gut" (Kapitel 4) entfaltet Texte aus der Weisheit des Alters: Viele Ereignisse und Begegnungen unseres Lebens ordnen sich erst im Nachhinein, manchmal nach langer Zeit, zu einem stimmigen Bild. Die reiche Erfahrung eines langen Lebens kann zur Einladung werden, mit sich selbst und mit dem Leben Geduld zu haben. „Keine Nacht ist ohne Stern" (Kapitel 5) erschließt Erfahrungen, wie die dunklen Stunden des Lebens ertragen und getragen werden können.

„Das Lächeln der Seele" (Kapitel 6) weist vielleicht auf das tiefste Geheimnis aller Lebensweisheit: sich ein fröhliches Herz zu bewahren, den Humor nicht zu verlieren, und dem Leben ein Lächeln abzugewinnen, nicht zuletzt auch über sich selbst. Zu solcher gelassenen Weisheit will der Glaube führen – aus einer letzten Gewissheit, dass unser Leben in guten Händen aufgehoben ist: „Bei uns alle Tage" (Kapitel 7).

Die Beiträge dieses Bandes, von Frauen und Männern, Katholiken und Protestanten, stülpen niemandem fertige Antworten über – sie geben Zeugnis von Erfahrungen. Sie ermutigen auf ihre je eigene Weise dazu, dass wir unser Leben nicht an ein „Expertenwissen" abtreten, sondern der Erfahrung des eigenen Lebens vertrauen. Dieser Band will eine Einladung sein, dass wir uns Zeit und Selbstvertrauen gönnen, zu weisen Menschen zu werden …

Sylvia Müller
Ulrich Sander

Inhalt

3 *Mit dem Herzen sehen –*
   Weisheit der Liebenden

5 Keine Nacht ist ohne Stern –
   Weisheit für dunkle Stunden

7 *Bei uns alle Tage* –
   Lebensweisheit aus dem Glauben

Weisheit

Der Hunger der Seele
wird nicht gestillt
durch viele Worte.
Letztlich werden wir nicht gefragt,
was und wie viel wir gelesen haben,
sondern wie wir gelebt
und was wir getan haben.
Wir werden nicht danach gefragt,
wie schön wir geredet haben,
sondern danach, ob durch uns
mehr Liebe in die Welt gekommen ist.

Peter Dyckhoff

1

Mehr Himmel wagen

Weisheit für jeden Tag

Heute lebst du

Heute lebst du.
Grüble heute nicht über morgen.
Der morgige Tag wird für sich selbst sorgen.
Jeder Tag hat genug an seiner eigenen Last.
Lebe heute!

Weisheit der Bibel
Nach Matthäus 6,34

Von Sekunde zu Sekunde

ANTHONY DE MELLO

Der Uhrmacher war gerade dabei, das Pendel einer Uhr zu befestigen, als dieses zu seinem Erstaunen zu sprechen begann.

„Bitte, mein Herr, lassen Sie mich in Ruhe", bat das Pendel, „Sie täten mir einen großen Gefallen. Bedenken Sie, wie oft ich Tag und Nacht werde ticken müssen. So oft in jeder Minute, sechzig Minuten in der Stunde, vierundzwanzig Stunden am Tag, dreihundertfünfundsechzig Tage im Jahr. Und das Jahr um Jahr ... millionenmal ticken. Das schaffe ich nicht."

Aber der Uhrmacher erwiderte weise: „Denke nicht an die Zukunft. Ticke einfach ein um das andere Mal, und du wirst jedes Tick-Tack für den Rest deines Lebens genießen."

Und genau das beschloss das Pendel zu tun. Und so tickt es fröhlich weiter und weiter.

Tagesbilanz

ANSELM GRÜN

„Beurteile einen Tag nicht danach, welche Ernte du am Abend eingefahren hast, sondern danach, welche Samen du gesät hast" (Robert Louis Stevenson). Nicht jeder Tag ist ein Tag der Ernte. Der Bauer erntet im Sommer und im Herbst und nicht schon im Frühling.

Wenn ich am Abend auf meinen Tag schaue, dann ist es mir nicht wichtig, wie viel Erfolge ich vorzuweisen habe. Es ist mir wichtig, dass ich bewusst gelebt habe.

Wenn ein Gespräch gelungen ist, wenn ich einen gebeugten Menschen aufgerichtet habe, wenn ich ganz bei dem war, was ich getan habe, dann bin ich dankbar. Aber ich weiß, dass das Gespräch kein endgültiges Resultat ergeben hat, dass der Aufgerichtete sich wieder beugen wird, sobald die nächste Krise kommt. Es ist keine Ernte, die ich in die Scheune einbringen kann. Es ist Samen, den ich gesät habe.

Ich bin schon dankbar, wenn ich meine urpersönliche Spur in der Welt hinterlassen habe. Und das geschieht immer dann, wenn ich ganz in dem bin, was ich sage und tue, wenn ich präsent bin in der Begegnung, wenn ich das Leben wahrnehme, wie es ist.

Alles, was bewusst geschieht, hinterlässt Spuren. Und in diesen Spuren wird ein Same ausgesät, der irgendwann einmal aufgehen wird in den Herzen der Menschen, denen ich begegnet bin, zu denen ich gesprochen, für dich ich gearbeitet und mich eingesetzt habe.

Heute schon gelebt?

ANDREA SCHWARZ

Es gibt Tage in meinem Leben, da komme ich abends heim und frage mich – was habe ich heute nun eigentlich „gemacht"? Gut, ich kann schon aufzählen, was ich gearbeitet habe. Aber irgendwie, ein komisches Gefühl bleibt zurück.

Und dann merke ich auf einmal, dass die Frage „was habe ich heute eigentlich gemacht?" total falsch ist, dass sie eigentlich ganz anders lauten müsste, nämlich: Habe ich heute gelebt? ...

Von *Pablo Neruda* stammt der Satz: „Ich bekenne, ich habe gelebt." Das ist eigentlich ein Satz, den ich am liebsten jeden Abend zu meinem Gott sagen möchte: „Ich bekenne, ich habe heute gelebt. Heute habe ich das aus meinem Leben gemacht, was du mir als Veranlagung geschenkt hast. Ich habe heute geweint und gelacht, ich war neugierig und entspannt, ich habe anderen zugehört und bin übergeflossen vor Redseligkeit. Ich bekenne, ich habe gelebt."

Gott hat gewollt, dass wir leben – jetzt, heute, in diesem Moment. ... Leben heißt dabei nicht unbedingt andauernd glücklich sein – Leben heißt, bewusst sein eigenes Leben wahrnehmen, das Traurige ebenso wie das Schöne, beidem Raum geben, bewusst das Leben der anderen Menschen und der Schöpfung um sich herum wahrnehmen. ...

Für eine solche Art zu leben aber muss ich mich entscheiden. Sie ist sicher anstrengender als sich leben zu lassen, mitzuschwimmen im Strom. Aber ich denke, sie ist auch um vieles reicher, voller, dichter. Wert – gelebt zu werden ... von mir gelebt zu werden.

Haben Sie heute schon gelebt?

Geschmack für die Wirklichkeit

Franz-Josef Bode

Das lateinische Wort für Weisheit ist *sapientia,* übersetzt: „die Geschmackskunst". Damit ist gemeint, die Wirklichkeit so zu schmecken und abzuschmecken, dass wir ihr tiefes Profil erspüren. ... Weisheit ist die Gabe, den Geschmack für die Wirklichkeit richtig ausgebildet zu haben, sich nicht von allem Möglichen sättigen und vollstopfen zu lassen, wonach der erste Hunger verlangt, sondern den Konsum auf dem übermächtigen Markt der Möglichkeiten wahrzunehmen und zu ordnen.

Was von dem Vielen ist für mich wirklich wichtig, nahrhaft, aufbauend und stärkend? Was bekommt mir schlecht, baut meine Kräfte ab, schwächt und führt mich letztlich nicht weiter?

„Was nützt es einem Menschen, wenn er die ganze Welt gewinnt, aber sich selbst dabei verliert?" (Lukas 9,25), wenn er nichts verpassen will, aber am Ende ihm nichts mehr passt, weil Übersättigung und Leere dann plötzlich unmittelbar beieinander liegen?

Weisheit: Unterscheiden auch zwischen richtig und falsch, das heißt: nicht alles für gleich-gültig oder beliebig zu halten, sondern Maßstäbe anzulegen oder einen Standpunkt zu beziehen, entscheidungsfähig zu sein und nicht vor jeder Entscheidung zu flüchten, um sich alle Türen offen zu halten. ...

Der Weise unterscheidet nicht nur Wichtiges von Unwichtigem, Richtiges von Falschem, sondern er unterscheidet sich selbst von anderen durch Profil, Eigenstand, Identität, Authentizität, Autorität und traut das alles dem anderen auch zu. ... Wie Gott nicht bei unserer Oberfläche, unserem vordergründigen Aussehen und Handeln stehen bleibt,

so sollen auch wir uns nicht blenden lassen von Äußerlich-
keiten und Showeffekten. Wir sollen uns in die Tiefe der
Dinge vorwagen, Einsichten gewinnen in die Ereignisse
und Begegnungen unseres Lebens, Einsichten in die Linien
der Geschichte und der Welt, wie sie sich uns darstellt, um
die Wirklichkeit im tiefen Sinn des Wortes wahr-zu-neh-
men, ihre Wahrheit zu erfassen, nicht nur, ob alles richtig
ist, läuft und funktioniert, sondern auch, warum diese Wirklichkeit so ist, wie sie ist, und wohin sie mich führen will.

Der Einsichtige sieht in den Erfahrungen seines Lebens
einen roten Faden, entdeckt Zusammenhänge, merkt, dass
die Erfahrungen ihm etwas sagen wollen, und sucht nach
einer Bedeutung der Dinge und Ereignisse – in seinem persönlichen Leben ebenso wie in öffentlichen, gesellschaft-
lichen Entwicklungen.

Einsicht kommt aus der Wachheit der Sinne und des
Herzens für Vorgänge in mir und um mich herum. Sie
kommt aus einer Aufmerksamkeit und Sensibilität für das
Leben, wie es ist, wie es auf mich zukommt.

~

Gott, gib mir den Mut, all die Gerüche und Düfte meines
Lebens zu unterscheiden. Lass mich Geschmack finden an
dem Wohlgeruch, den deine Güte verströmt. Schenk mir die
nötige Sensibilität, den Duft meiner Mitmenschen ins Wort
zu bringen: Ich kann dich gut riechen, ich finde Geschmack
an dir … Gib mir den richtigen Riecher für das wirklich
Wichtige in meinem Leben.

Gisela Ibele / Therese Nolte

Weisheit des Alltags

KARL RAHNER

Wir können den Alltag nicht fliehen, wir würden ihn doch mitnehmen, wohin wir auch gingen, denn unser Alltag sind wir selber: unser tägliches Herz, unser matter Geist und die kleine Liebe, die auch das Große klein und gewöhnlich macht.

Und darum kann der Weg nur mitten durch den Alltag, seine Not und seine Pflicht hindurchgehen, darum kann der Alltag nicht durch Flucht, sondern nur durch Standhalten und durch eine Verwandlung überwunden werden …

Es kommt alles darauf an, *wie* wir den Alltag bestehen. Er kann alltäglich machen. Er kann uns aber auch frei von uns selbst machen wie sonst nichts.

Wir müssen immer wieder Gott bitten, mit der ganzen Kraft unseres Herzens: Gib mir das Licht und die Kraft, die Zeit, die ich jetzt habe, zu erkennen, so wie du willst, dass ich sie erkenne als das zu Tragende vielleicht, als das Langweilige vielleicht, als das Bittere vielleicht, als vielleicht die Stunde des Todes und des langsamen Sterbens, aber als deine Stunde und deine Gabe und als den Tag deines Heiles.

Wenn wir jeden Tag so anfangen würden, wenn wir jede Stunde so annehmen würden aus der Hand Gottes, von dort, von wo sie wirklich kommt, wenn wir nicht klagen würden, wenn wir uns nicht wundreiben würden an Situationen, in die wir nun einmal hineingestellt sind, unentrinnbar, sondern wenn wir gläubig, demütig, in der Kraft des Geistes und in dem Licht des Herrn tragen würden: jetzt ist der Tag des Herrn, die Stunde des Heils, der rechte Augenblick, aus dem meine Ewigkeit hervorgehen kann, würden wir dann unser Leben nicht besser bestehen?

Auf der Erde soll ich wohnen

Auf der Erde soll ich wohnen
nicht mit Schwingen wie ein Adler,
nicht im Dämmern wie die Eule,
nicht als Blume, die rasch welkt,
nicht mit Flossen unter Wasser,
nicht gejagt und nicht der Jäger,
nicht mit Hufen, nicht mit Klauen,
doch auf Füßen zwei,
um die Ferne zu erreichen,
um den Horizont zu holen –
und mit Händen, die was können:
fällen, räumen, säen, ernten.

Nase voller Lebensatem
und ein Bauch voll mit Begehren,
mit dem Kopf nicht in den Wolken,
doch der Sonne zugewandt,
um zu übersehn die Erde,
sie zu hüten wie ein Hirte,
fürsorglich wie einen Acker,
sie bei ihrem Namen nennen.
Dass ich Mensch bin auf der Erde
und nicht mehr, ein Kind von Menschen,
eins davon und eins mit allen,
groß und nichtig, wehrlos –

um zum Segen füreinander
da zu sein, den Weg zu gehen,
Weg der Liebe, wo am Ende
Leben menschenwürdig ist.

Huub Oosterhuis

Mehr als Hier und Jetzt

Margot Kässmann

Wir sind oft so gefangen im Jetzt und Hier: der Himmel, den wir sehen, die Erde, die wir erleben. In manchen Momenten aber erahnen wir: das ist nur ein Teil, nur ein Ausschnitt, da ist viel, viel mehr. Mein Leben ist begrenzt. Im Jahr 2002 hat der japanische Künstler *On Kawara* bei der Documenta-Ausstellung moderner Kunst in Kassel zwei Schauspieler in einem Glaskasten die Jahreszahlen von 998031 vor Christus bis 1969 und von 1996 bis 1001995 nach Christus lesen lassen. Verrückt, oder? Aber wer sich darauf eingelassen hat, konnte sich mit Erschrecken konfrontiert sehen mit der Relativität der eigenen Lebenszeit. Irgendwann hörst du dein Geburtsjahr. Eine der Zahlen, die folgen, wird dein Todesjahr sein.

Zeit ist begrenzt, meine Lebenszeit, deine Lebenszeit. Alles, was wir sehen, ist der Vergänglichkeit ausgesetzt. Gott dagegen überdauert unsere Erfahrungen und Horizonte, unsere Zeitvorstellungen und Auseinandersetzungen. Das ist beruhigend. Und weil einst bei Gott Gerechtigkeit und Friede sich küssen werden (Psalm 85), deshalb engagieren wir uns in dieser Zeit und dieser Welt für Gerechtigkeit und Frieden. Die Vergänglichkeit macht uns nicht gleichgültig, sondern ermutigt, Spuren des Reiches Gottes zu legen in der begrenzten Zeit, die wir haben. Denn: Wir sind rechenschaftspflichtig vor Gott dafür, wie wir diese Zeit gestalten. Und wir dürfen diese Zeit auch als Geschenk sehen.

Die Bibel hat ein sehr realistisches Menschenbild. Sie durchschaut die Verführbarkeit des Menschen seit Adam und Eva. Sie sieht die Neigung zur Gewalt seit Kain und Abel und kritisiert die Selbstüberschätzung seit dem Turmbau zu Babel. Vielleicht kann ja die Sehnsucht nach dem Himmel auch ein wenig nachsichtiger machen gegenüber den Fehlern von uns Menschen. Gott im Himmel weiß von Schuld und Versagen, und doch scheint die Sonne über Gerechte und Ungerechte. Dem Himmel nah – das heißt vielleicht: langmütiger sein, mehr Geduld miteinander haben, ein bisschen himmlische Perspektive in die Mühen des Alltags hineinnehmen. Wir sollten Glück zulassen jetzt und hier, dankbar sein für den Augenblick.

Was hat unsere gute, alte Erde nicht schon alles ausgehalten seit der Schöpfung, seit dem Urknall?! Oft erscheint sie geradezu beängstigend: Millionen Menschen leiden Hunger. Waffenexport, Krieg, Kindersoldaten, Terror, Armut, Zwangsprostitution, AIDS – die Realität auf der Erde ergibt ein düsteres Bild. … Nein, das Paradies ist die Erde nicht. Aber die Sehnsucht danach ist geblieben, vorgestellt oft als ein Ort, an dem uns die Früchte von selbst in den Mund fallen. Im Urlaub versuchen so manche, sich diesen Traum zu erfüllen. Aber der Mensch will ja auch schaffen, kreativ sein. Schon Pipi Langstrumpf will zur Schule gehen, um Ferien zu haben. Auch arbeiten, „ackern", ist befriedigend. Es geht um einen gesunden Rhythmus von Schaffen und Ruhen. Deshalb ist es wichtig, die eigene Leistung auch als Geschenk zu sehen, als Gnade: Ich darf etwas beitragen zum großen Ganzen.

Ist es nicht letztlich trostreich, dass Himmel und Erde, wie wir sie jetzt kennen, vergehen? Es wird ein Ende haben mit all den Kriegen, all dem Hunger, all dem Blutvergießen. Aber das kann wohl nur mit den Augen des Auferstehungsglaubens so gesehen werden. Oder wie *Heinz Zahrnt* das einmal formuliert hat: „Der Tod ist kein hoffnungsloser Fall." Ja, weder wir noch unsere Erde werden ewig bleiben. Es ist klug, sagt die Bibel, wenn uns das bewusst ist. „Ehe denn die Berge wurden und die Erde und die Welt geschaffen wurden, bist du, Gott, von Ewigkeit zu Ewigkeit" (Psalm 90,2). Ein Fernsehmoderator sagte mir einmal, er fände dieses „von Ewigkeit zu Ewigkeit" völlig sinnlos. Aber gerade darin liegt ja eine Ermutigung! Gottes Wort bleibt. Da gibt es Irrungen und Wirrungen von Menschen. Die Geschichte ist für uns oft unerklärlich. Die Zeiten verändern sich rasant. Menschen leben in völlig verschiedenen Kontexten. Gottes Wort aber bleibt verständlich und überdauert die Zeit.

Manchmal sind wir hin und her gerissen: Wir würden die Erde fast gern hinter uns lassen, sehnen uns nach dem Himmel. Aber hier auf der Erde liegt unsere Lebenszeit von Geburt bis Tod. Wie leben wir diese Spanne sinnvoll? Was machen wir mit unserem Leben? Haben wir den Mut, uns der Vergänglichkeit sowohl der Erde als auch des Himmels zu stellen?

Gottes Hand lässt uns nicht los, auch da nicht, wo wir scheitern, auch dann nicht, wenn wir sterben. Er selbst kommt uns entgegen, die Zukunft ist sein und, wie ein Lied sagt, wir dürfen hier fest stehen und unseren Blick, unseren Horizont erweitern lassen von Gottes Zukunft her, damit wir nicht versinken im Jetzt und Hier.

Fallen und wieder Aufstehen

CHRISTIAN HEIDRICH

„Es ist eine alte Erfahrung, dass jemand einen falschen Weg, den er schon lange gegangen ist, auch zu Ende gehen wird" (Golo Mann). Am Beginn einer Unternehmung werden die Weichen gestellt, zum Guten oder zum Bösen. Was zuerst geschieht, ist kraftvoll, trägt häufig weit über den unmittelbaren Anlass hinaus. Das betrifft nicht nur die Leitmotive unseres Lebens, sondern auch scheinbar Banales: den Anfang eines Tages, eines Gesprächs, einer Begegnung. Was gut angefangen hat, hat alle Chancen, gut zu enden. Der Anfang und das Ende fallen häufig in eins – ob wir uns dessen bewusst sind oder nicht. Was aber, wenn ein Anfang misslungen ist, wenn wir uns schon auf dem falschen Weg befinden und die Rückkehr zum Ausgangspunkt nicht mehr möglich ist? Müssen wir uns dann mit der Einsicht Golo Manns zufrieden geben, „dass jemand einen falschen Weg, den er schon lange gegangen ist, auch zu Ende gehen wird"?

Es fällt schwer, einen solchen Satz zu akzeptieren. Unsere praktische Weisheit widersetzt sich hier der Weisheit des Historikers; unsere praktische Weisheit, die von der Hoffnung genährt wird, aber auch von der Erfahrung der unerwarteten Wendung oder des hart erarbeiteten Umschwungs. Ist es naiv, auf neue Anfänge im Alten zu hoffen? „Einer fragte den Mönchsvater Sisoes: Ich bin gefallen, Vater, was soll ich tun? Der Alte antwortete ihm: Steh auf. Der Bruder aber sagte: Ich stand auf, aber ich bin wieder gefallen. Darauf der Alte: Steh wiederum auf. Aber der Bruder: Ich stand immer wieder auf, viele Male, aber immer fiel ich wieder. Der Alte aber sprach nun: Steh nun doch wieder auf. Der Bruder fragte ihn: Wie oft noch? Der Alte antwortete: Bis du vorankommst, zum Guten oder Bösen, denn der Mensch geht seine Straße."

Es ist erstaunlich, wie sich die Bilder und Gedanken des Historikers und die des Mönchsvaters gleichen. Beide blicken nüchtern auf die Möglichkeit des Scheiterns und auf die Straßen, die „zum Bösen" führen können. Beide enthalten sich eines schnellen moralischen Urteils, auch wenn deutlich ist, auf wessen Seite sie stehen. Und doch: Wie unterschiedlich setzten sie ihren Schwerpunkt! Entfaltet Golo Mann die Weisheit des Historikers, der die Erfahrung des Gewesenen zusammenfasst, so blickt der Mönchsvater auf das Jetzt, das dem kämpfenden Menschen immer wieder neu geschenkt wird. Bist du gefallen, so steh jetzt auf, sagt er dem Fragenden. Deine verpfuschte Vergangenheit macht es dir nicht leicht – und doch ist der Versuch des Aufstehens allemal besser als das Liegenbleiben. Jedes Aufstehen ist ein neuer Anfang, und vielleicht wirst sogar du vom Zauber des Anfangs umfangen.

Jahrhunderte später vertraute die Schriftstellerin *Franziska Gräfin zu Reventlow* ihre Erfahrungen mit den vielen Anfängen und dem einen Ziel ihrem Tagebuch an: „Ach, ich bin gelaufen, gelaufen und hingefallen, wieder aufgestanden, umgeworfen, wieder aufgesammelt, bis ich da angekommen bin, wo mein Ziel anfängt."

Mehr Himmel wagen

Stufen

Wie jede Blüte welkt und jede Jugend
dem Alter weicht blüht jede Lebensstufe,
blüht jede Weisheit auch und jede Tugend
zu ihrer Zeit und darf nicht ewig dauern.
Es muss das Herz bei jedem Lebensrufe
bereit zum Abschied sein und Neubeginne,
um sich in Tapferkeit und ohne Trauern
in and're, neue Bindungen zu geben.
Und jedem Anfang wohnt ein Zauber inne,
der uns beschützt und der uns hilft zu leben.
Wir sollen heiter Raum um Raum durchschreiten,
an keinem wie an einer Heimat hängen,
der Weltgeist will nicht fesseln uns und engen,
er will uns Stuf' um Stufe heben, weiten!
Kaum sind wir heimisch einem Lebenskreise
und traulich eingewohnt, so droht Erschlaffen!
Nur wer bereit zu Aufbruch ist und Reise,
mag lähmender Gewohnheit sich entraffen.
Es wird vielleicht auch noch die Todesstunde
uns neuen Räumen jung entgegen senden:
des Lebens Ruf an uns wird niemals enden.
Wohlan denn, Herz, nimm Abschied und gesunde!

Hermann Hesse

2

Einfach vertrauen

Die Weisheit der Kleinen

Das große Geheimnis

Es gibt eine Weisheit,
die den Gelehrten
und Klugen verborgen ist,
die Kleinen und Einfachen
aber wissen um sie.

Weisheit der Bibel
Nach Matthäus 11,25

Einfach vertrauen

Mit den Augen eines Kindes

PHIL BOSMANS

„Herr, gib mir ein wenig Sonne. Gib mir ein Lächeln für diesen Tag. Gib mir die Augen eines Kindes. Herr, gib mir ein bisschen Freude."

Steig jeden Morgen aus dem Bett mit einem solchen Gebet. Schau nicht so schrecklich ernst und wichtig drein. Ich weiß, vor dir liegen vielleicht große Probleme. Aber mach sie nicht größer, als sie wirklich sind. Dann werden sie zu riesigen, schwarzen Wolken, die alles verfinstern. Du musst kein Berufsoptimist sein, aber wer alles schwarz sieht, für den sieht selbst die Sonne schwarz aus. Wer sich mit materiellen Dingen überfüttert, wird krank infolge geistiger Unterernährung.

Wünsch dir die Augen und das Herz eines Kindes, das quietschvergnügt über den verbotenen Rasen rennt, das über einen kleinen Fisch im Wasser staunt, das nach den Sternen fragt, wer sie angezündet hat. Niemals mag es dich wegen eines dicken Portemonnaies, sondern weil du mit ihm spielst und lachst, weil du fantastische Geschichten erzählen und lustige Lieder singen kannst.

Die Stimme der Grille

MARIE VON EBNER-ESCHENBACH

An einem schönen Sommerabend erhob ein Grillchen seine Stimme und zirpte laut und anhaltend. Ein kleiner Knabe wurde aufmerksam, horchte ganz entzückt, legte den Finger an den Mund und mahnte einige Erwachsene, die plaudernd dasaßen:

„Seid still, hört zu, hört zu – es schlägt eine Nachtigall."

Man lachte ihn aus, und er schämte sich tief und bitterlich.

Aber ein alter Mann trat zu ihm und tröstete ihn: „Laß sie lachen. Ich müßte weinen an dem Tage, an dem du eine Nachtigall singen hören und achselzuckend sagen würdest: Es hat nur eine Grille gezirpt."

Kindheitssommer

Joseph von Eichendorff

Es ist ein so wunderlicher Abend, die Sonne ist schon un-
tergangen, aber der Strom leuchtet noch. Da geht unsichtbar
ein leises Rauschen durch den Garten, die Blumen neigen
sich leise; mich schauert – es war die Muse, die lächelnd vor-
überging, Garten und Täler beleuchtend, ich war ihr noch
zu kindisch, und ich schlummerte ein, träumend von künf-
tigen Liedern …

Da, in diesem Garten, gehe ich einmal als Kind allein in
der Sommermittagsschwüle, alles wie verzaubert und ver-
steinert, die Statuen, seltsamen Beete und Grotten; da, bei
einer Biegung, sah ich eine prächtige Fee …

Die Erinnerungen aus der Kindheit sind desto emp-
findlicher und verschämter, je tiefer und unverständlicher
sie werden, und fürchten sich vor großgewordenen, alt-
klugen Menschen, die sich in ihr wunderbares Spielzeug
nicht mehr zu finden wissen.

Weisheit der Kleinen

ANTHONY DE MELLO

Ein hoher Lastwagen fuhr durch eine Eisenbahnunterführung, blieb aber zwischen den Brückenträgern und der Straße stecken. Alle Bemühungen von Fachleuten, ihn wieder frei zu bekommen, erwiesen sich als nutzlos, und der Verkehr staute sich kilometerlang auf beiden Seiten der Unterführung.

Ein kleiner Junge versuchte immer wieder, die Aufmerksamkeit des Vorarbeiters auf sich zu lenken, wurde aber stets weggestoßen. Schließlich sagte der Mann in schierer Verzweiflung:

„Du bist wohl hergekommen, um uns zu sagen, wie wir die Sache anpacken sollen!"

„Ja", sagte der Junge, „ich würde vorschlagen, etwas Luft aus den Reifen zu lassen."

~

Eine Lehrerin behandelte in einer Schulstunde moderne Erfindungen.

„Kann einer von euch eine wichtige Sache nennen, die es vor fünfzig Jahren noch nicht gab?", fragte sie.

Ein heller Kopf in der ersten Reihe hob eifrig die Hand und sagte: „Mich!"

Einfach vertrauen

Als der Meister gefragt wurde, ob es ihn denn nicht entmutige, dass all seine Mühe anscheinend kaum Früchte trage, erzählte er die Geschichte von einer Schnecke, die an einem kalten, stürmischen Tag im späten Frühjahr aufbrach, um den Stamm eines Kirschbaums emporzuklettern. Die Spatzen auf dem Nachbarbaum lachten über ihr Unterfangen. Da flog ein Spatz auf die Schnecke zu und piepste sie an:

„He, du Dummkopf, siehst du nicht, dass auf dem Baum keine Kirschen sind?"

Der Winzling ließ sich nicht aufhalten und sagte: „Macht nichts, bis ich oben bin, sind welche dran."

~

Mit Hilfe einer Gebrauchsanweisung versuchte eine Frau stundenlang, ein kompliziertes Gerät, das sie gekauft hatte, zusammenzusetzen. Schließlich gab sie auf und ließ die einzelnen Teile verstreut auf dem Küchentisch liegen.

Als sie einige Stunden später nach Hause kam, stellte sie erstaunt fest, dass das Hausmädchen die Maschine zusammengebaut hatte. Die Maschine funktionierte perfekt.

„Wie haben Sie das nur fertiggebracht?", rief sie erstaunt.

„Ach, gnädige Frau, wenn man nicht lesen kann, muss man eben seinen Verstand gebrauchen", war die gelassene Antwort.

Ein Kinderspiel!

GISELA IBELE / THERESE NOLTE

Ab und zu ertappen wir uns, wenn wir eine Tätigkeit als „Kinderspiel" degradieren und verächtlich aus unserer Erwachsenenwelt verbannen. Wir genieren uns voreinander, wenn es darum geht, unserer Freude spontan Ausdruck zu verleihen, zeigen nur in ausgewählten und berechenbaren Situationen unser Herz, wollen Haltung bewahren und fragen nach Stil, Anpassung, Gesellschaftsnormen.

Insgeheim leiden wir an unserem Erwachsensein und unterdrücken das „Kind in uns". Dabei macht es uns Gott so leicht … Er ist Mensch geworden, und zwar als Kind! Gott liefert sich mir aus – ich kann ihn mit allen Sinnen aufnehmen, verinnerlichen, ihn in mir beheimaten: hörbar, erlebbar, spürbar, riechbar, schmeckbar – Wunderbar!

Welche Befreiung – endlich dürfen auch wir Kind sein: Wir brauchen kein Idealbild zu verkörpern, wir dürfen uns ändern, dürfen wachsen, Fehler machen, reifen …

~

Der Geist des Kindseins, der Geist der Einfachheit, gemäß dem Evangelium hat nichts Naives an sich. Einfachheit geht mit der Gabe der Unterscheidung Hand in Hand. Sie erfordert Reife. Sie ist nicht einfältig, sondern lässt sich von ungetrübter Einsicht leiten.

Frère Roger, Taizé

Spielend glücklich

PHIL BOSMANS / ULRICH SCHÜTZ

Von Kindern lässt sich viel lernen. Zum Beispiel das Staunen, das die Wurzel der Weisheit ist. Oder das Aufschauen nach oben, es lässt uns mehr wahrnehmen, als wenn wir nur an uns denken.

Vor allem lässt sich von Kindern das Spielen lernen. Es ist nicht nur für die Kleinen der Königsweg zum Glück.

Im Spiel können wir erfahren, dass Leben mehr ist als Pflicht, als Arbeit, Angst und Sorgen. Im Spiel erleben wir, wie spannend es zugehen kann. Im Spiel der Farben und Formen, der Wellen und des Windes, der Worte und Klänge und Bewegung ahnen wir die Wunder des Lebens.

Unerschöpflich und nie endend ist das Spiel der Liebe. Glück lässt sich nicht erzwingen. Spielend werden wir glücklich.

Der alte Großvater und der Enkel

BRÜDER GRIMM

Es war einmal ein steinalter Mann, dem waren die Augen trüb geworden, die Ohren taub, und die Knie zitterten ihm. Wenn er nun bei Tische saß und den Löffel kaum halten konnte, schüttete er Suppe auf das Tischtuch, und es floss ihm auch etwas wieder aus dem Mund. Sein Sohn und dessen Frau ekelten sich davor, und deswegen musste sich der alte Großvater endlich hinter den Ofen in die Ecke setzen, und sie gaben ihm sein Essen in ein irdenes Schüsselchen und noch dazu nicht einmal satt; da sah er betrübt nach dem Tisch, und die Augen wurden ihm nass. Einmal auch konnten seine zitterigen Hände das Schüsselchen nicht festhalten, es fiel zur Erde und zerbrach. Die junge Frau schalt, er sagte aber nichts und seufzte nur. Da kaufte sie ihm ein hölzernes Schüsselchen für ein paar Heller, daraus musste er nun essen. Wie sie da so sitzen, so trägt der kleine Enkel von vier Jahren auf der Erde kleine Brettlein zusammen. „Was machst du da?", fragte der Vater. „Ich mache ein Tröglein", antwortete das Kind, „daraus sollen Vater und Mutter essen, wenn ich groß bin." Da sahen sich Mann und Frau eine Weile an, fingen endlich an zu weinen, holten alsofort den alten Großvater an den Tisch und ließen ihn von nun an immer mitessen, sagten auch nichts, wenn er ein wenig verschüttete.

Vorbildliche Erziehung?

ANTHONY DE MELLO

Zum Thema der moralischen Erziehung von Kindern wusste der Meister einmal zu sagen:

„Als ich noch nicht zwanzig war, warnte mich mein Vater vor vorbestimmten Orten in der Stadt.

Er sagte: ‚Geh niemals in einen Nachtclub, mein Sohn!‘

‚Warum nicht, Vater?‘, wollte ich wissen.

‚Weil du dort Dinge siehst, die du besser nicht sehen solltest.‘

Das weckte natürlich meine Neugierde, und bei der nächsten Gelegenheit ging ich in einen Nachtclub.“

Die Schüler fragten: „Und hast du etwas gesehen, was du nicht solltest?“

„Natürlich habe ich“, sagte der Meister. „Ich sah meinen Vater.“

Mit Kindern zusammen

Wolfgang Huber

In einem jungen Menschen Vertrauen zu wecken und ihn dahin zu führen, dass dieses Vertrauen einen tieferen Grund, einen verlässlicheren Halt hat als das Vertrauen, das mich selbst mit dem Kind verbindet: das ist ein Lebenshalt von großer Bedeutung. Es gibt diesen tieferen Lebenshalt: das Vertrauen auf Gott.

Auf dieser Grundlage beruht eine Lebensform, die sich bewährt und die Verheißung in sich trägt. Für diese Lebensform steht das Wort: Liebe. In einem Kind Liebe so zu wecken, dass es diese Liebe erfährt und sie auch mit anderen teilen kann, ist mehr als man „sagen" kann. Darüber kann man allerdings viel erzählen.

Mit Kindern zusammen möchte ich eine Lebenshaltung einüben, die von Hoffnung bestimmt ist, die an Enttäuschungen nicht zerbricht, die vor Versagen nicht kapituliert.

Eure Kinder sind nicht eure Kinder

Khalil Gibran

Eure Kinder sind nicht eure Kinder.

Sie sind die Söhne und Töchter der Sehnsucht des Lebens nach sich selbst.

Sie kommen durch euch, aber sind nicht von euch, und auch wenn sie bei euch sind, gehören sie euch nicht.

Ihr könnt ihnen eure Liebe geben, aber nicht eure Gedanken, weil sie ihre eigenen Gedanken haben.

Ihr könnt ihren Körpern eine Behausung geben, aber nicht ihren Seelen, weil ihre Seelen im Hause von Morgen wohnen, welches ihr nicht betreten könnt, noch nicht einmal in euren Träumen.

Ihr könnt versuchen, wie sie zu sein, aber versucht nicht, sie anzugleichen – das Leben geht nicht rückwärts, noch verweilt es beim Gestern.

Ihr seid die Bogen, von denen eure Kinder als lebende Pfeile abgeschossen werden. Der Bogenschütze sieht das Ziel auf dem Pfad der Unendlichkeit, und Er biegt euch mit seiner Kraft, damit seine Pfeile schnell und weit fliegen.

Möge das Gebogenwerden in des Schützen Hand Freude in euch auslösen. So wie Er den fliegenden Pfeil liebt, so liebt Er auch den Bogen, der fest steht.

Manchmal

Manchmal
wenn ich so ganz verrückte Sachen
denke und dann auch noch tue

ahne ich
dass Jung-sein
keine Frage
des Alters ist

und das beruhigt mich
irgendwie

Andrea Schwarz

Meditation eines Kinderbildes

PIERRE STUTZ

Auf meinem Schreibtisch steht vor mir ein Foto, das mitten im Sommer aufgenommen wurde. Sarah Valérie, die sieben Monate alte Tochter eines befreundeten Paares, bestärkt mich, alltäglich die Wirklichkeit des inneren Menschen zu sehen. Des Menschen, der schon als kleines Kind die Gabe hat, in sich selber zu ruhen, aufgerichtet zwischen Himmel und Erde mit offenem Blick.

Faszinierend ist für mich vor allem die Haltung, mit der sie ihre rechte Hand auf den Oberschenkel legt und sich stützt. Welch kraftvoller Ausdruck einer inneren Wirklichkeit, die ich in Verbindung bringe mit dem positiven Menschen- und Gottesbild von *Meister Eckhart:* „Erkenne den hohen Adel, den Gott in die Seele gelegt hat." Das Wesentlich ist schon da, wir sind alle Königskinder.

Sarah Valérie erinnert mich durch ihre ausdrucksstarke Grundhaltung daran, dass der göttliche Kern da ist, in jedem Menschen. Mystische Menschen gehen darum jeden Tag neu auf diese Spurensuche, um auch angesichts von Spannungen und Ungerechtigkeiten nach innen zu schauen und die einmalige Würde zu erahnen, die jeden Menschen bewohnt.

Gott verbindet sich wesentlich mit jedem Menschen. Wir Menschen können uns diesem göttlichen Grund verschließen. Schreckliche Ereignisse im Leben eines Menschen können entfremden von dieser Hoffnung, doch sie lässt sich nicht auslöschen. Die Hoffnung ist klein wie ein Senfkorn. Wir erhalten den Samen und es liegt an uns, ihn wachsen und reifen zu lassen. Entscheidend ist jedoch die hoffnungsvolle Lebenseinstellung, dass das Gute schon da ist und durch uns freigelegt werden möchte.

„Wenn ein Meister ein Bild macht aus Holz oder Stein, so trägt er das Bild nicht in das Holz hinein, sondern er schnitzt die Späne ab, die das Bild verborgen und verdeckt hatten; er gibt dem Holze nichts, sondern er benimmt und gräbt ihm die Decke ab und nimmt den Rost weg, und dann erglänzt, was darunter verborgen lag" (Meister Eckhart).

Wirklich Mensch werden heißt mitten im Leben stehen. Da wird sich immer wieder Rost ansammeln und Kostbares sich verbergen. Beim Meditieren des Fotos von Sarah Valérie erinnere ich mich, dass zu ihr auch die mühsamen Seiten gehören dürfen: das Schreien in der Nacht, das Unwohlsein und Winden beim Durchbrechen der ersten Zähnchen. Auch darin ist sie anerkannt und darin werden ihr Grenzen gesetzt.

> Begegne
> dem göttlichen Kind in dir
> jener Hoffnungskraft
> die sich in dir entfaltet
> im Staunen über all deine Wachstumsprozesse
> die seit deiner Geburt möglich geworden sind

Manchmal bricht dein Licht

Manchmal bricht dein Licht
in Menschen durch, unaufhaltsam,
so wie ein Kind geboren wird.

Gedenk des Menschen,
der wird genannt: dein Kind,
dein Königreich, dein Licht.

Keine Finsternis hat ihn je überwältigt.

Gedenk unser, die wie er,
geboren sind, ein für allemal,
die aus seinem Namen deinen Namen hörten,

die leben müssen im Schatten des Todes,

leben, ihm nach

Huub Oosterhuis

3

Mit dem Herzen sehen

Weisheit der Liebenden

Worauf es ankommt

Ein jeder Mensch hat seine Gaben.
Aber nach einer Gabe soll jeder streben:
nach der Liebe.
Sie ist der Weg, der über alles andere
weit hinaus führt.
Denn wenn einer auch alle Erkenntnis
und alles geheime Wissen besäße,
hätte aber die Liebe nicht:
Er/Sie wäre ein Nichts.
Erkenntnis vergeht.
Nur die Liebe hört niemals auf.

Weisheit der Bibel
Nach 1 Korinther 13

Trau der Liebe

ANSELM GRÜN

Trau der Liebe, die Menschen in dir hervorlocken. Trau der Liebe, die du zu einem Freund und einer Freundin spürst. In jeder Liebe ist etwas Lauteres und Reines. In jeder menschlichen Liebe, auch wenn sie noch so festhalten möchte, ist etwas von der reinen Gottesliebe. Lass dich in deinem Herzen von der Liebe berühren, die dir entgegenkommt oder die in dir aufflammt. Gott selbst berührt dich dabei und öffnet dich für das Geheimnis einer klaren und lauteren Liebe, die allen und allem gilt. In dieser Liebe bist du in Gott, und in dieser Liebe wirst du erst ganz zum Menschen, so wie er dich gedacht hat.

Die Liebe ist die entscheidende Wirklichkeit unseres Lebens. In deiner Liebe, auch wenn sie noch so vermischt ist mit Besitzansprüchen und Habenwollen, leuchtet immer auch etwas auf von der spirituellen Liebe, die deine tiefste Sehnsucht nach Liebe erfüllt. Traue deiner Liebe, aber gehe deiner Liebe auch auf den Grund, damit du dort Gott findest als ihren eigentlichen Quell. Und folge deiner Liebe bis zum Ende. Dann wird sie dich zu Gott führen, der nicht nur liebt wie wir, sondern der die Liebe selber ist.

~

Wenn du in der Wüste des Lebens irgendwo Liebe findest, wahre Liebe, dann geh mit ihr zum Quell aller Liebe, zu Gott, der großen Oase des Glücks für alle Zeit und Ewigkeit.

Phil Bosmans

Herausforderung Eros

BENEDIKT XVI.

Wir haben der Liebe geglaubt: So kann der Christ den Grundentscheid seines Lebens ausdrücken. Am Anfang des Christentums steht nicht ein ethischer Entschluss oder eine große Idee, sondern die Begegnung mit einem Ereignis, mit einer Person, die unserem Leben einen neuen Horizont und damit seine entscheidende Richtung gibt … Die Liebe ist nun dadurch, dass Gott uns zuerst geliebt hat, nicht mehr nur ein „Gebot", sondern Antwort auf das Geschenk des Geliebtseins, mit dem Gott uns entgegengeht. In einer Welt, in der mit dem Namen Gottes bisweilen die Rache oder gar die Pflicht zu Hass und Gewalt verbunden wird, ist dies eine Botschaft von hoher Aktualität und von ganz praktischer Bedeutung …

Wir sprechen von Vaterlandsliebe, von Liebe zum Beruf, von Liebe unter Freunden, von der Liebe zur Arbeit, von der Liebe zwischen den Eltern und ihren Kindern, zwischen Geschwistern und Verwandten, von der Liebe zum Nächsten und von der Liebe zu Gott. In dieser ganzen Bedeutungsvielfalt erscheint aber doch die Liebe zwischen Mann und Frau, in der Leib und Seele untrennbar zusammenspielen und dem Menschen eine Verheißung des Glücks aufgeht, die unwiderstehlich scheint, als der Urtypus von Liebe schlechthin, neben dem auf den ersten Blick alle anderen Arten von Liebe verblassen. Da steht die Frage auf: Gehören alle diese Formen von Liebe doch letztlich in irgendeiner Weise zusammen, und ist Liebe doch – in aller Verschiedenheit ihrer Erscheinungen – eigentlich eins, oder aber gebrauchen wir nur ein und dasselbe Wort für ganz verschiedene Wirklichkeiten?

Der Liebe zwischen Mann und Frau, die nicht aus Den-

Mit dem Herzen sehen

ken und Wollen kommt, sondern den Menschen gleichsam übermächtigt, haben die Griechen den Namen Eros gegeben. … Das Christentum – meinte *Friedrich Nietzsche* – habe dem Eros Gift zu trinken gegeben; er sei zwar nicht gestorben, aber zum Laster entartet. Damit drückte der deutsche Philosoph ein weit verbreitetes Empfinden aus: Vergällt uns die Kirche mit ihren Geboten und Verboten nicht das Schönste im Leben? Stellt sie nicht gerade da Verbotstafeln auf, wo uns die vom Schöpfer zugedachte Freude ein Glück anbietet, das uns etwas vom Geschmack des Göttlichen spüren lässt? …

Der Mensch wird dann ganz er selbst, wenn Leib und Seele zu innerer Einheit finden; die Herausforderung durch den *Eros* ist dann bestanden, wenn diese Einung gelungen ist. Wenn der Mensch nur Geist sein will und den Leib sozusagen als bloß animalisches Erbe abtun möchte, verlieren Geist und Leib ihre Würde, und wenn er den Geist leugnet und so die Materie, den Körper, als alleinige Wirklichkeit ansieht, verliert er wiederum seine Größe. … Aber es lieben nicht Geist oder Leib – der Mensch, die Person, liebt als ein einziges und einiges Geschöpf, zu dem beides gehört. Nur in der wirklichen Einswerdung von beidem wird der Mensch ganz er selbst. Nur so kann Liebe – *Eros* – zu ihrer wahren Größe reifen.

~

Wenn du liebst, solltest du nicht sagen:
„Gott ist in meinem Herzen", sondern:
„Ich bin im Herzen Gottes."

Khalil Gibran

Liebe ist anstrengend

Rainer Haak

„Liebe ist nicht mühelos. Im Gegenteil, Liebe ist anstrengend" (M. Scott Peck). Liebe ist anstrengend? Manche verliebten Paare fassen sich an den Kopf, wenn sie solche Sätze hören. Das ist jammerschade. Denn es zeigt, dass sie überhaupt nicht vorbereitet sind auf das, was nach dem ersten Verliebtsein mit Sicherheit auf sie zukommt. Verliebtsein ist ein Geschenk. Verliebtsein kann zu Liebe werden, muss es aber nicht. Verliebtsein ist sozusagen die psychische Anschubfinanzierung des großen Projekts „Liebe und Partnerschaft".

Wenn das himmelhoch jauchzende Verliebtsein vorbei ist, dann kommt die Arbeit oder das Ende. Und da viele diese Arbeit nicht zu leisten bereit sind, entscheiden sie sich relativ schnell für das Ende. Unzählige Trennungen geschehen schlicht und einfach wegen Arbeitsverweigerung.

Arbeit oder Ende, ist das tatsächlich die Alternative? Nein, es gibt noch eine andere Möglichkeit: Ich verweigere die Arbeit für die Liebe, kann aber auch das Ende nicht akzeptieren, und quäle mich und den Menschen neben mir stattdessen unendlich lange in einer unglücklichen, unerfüllten Partnerschaft.

So bleibt also die Liebe als Aufgabe. Wie sieht diese Aufgabe aus, die mich erwartet? Hier sind einige Antworten, was Liebe *nicht* bedeutet:

- Ich binde einen Menschen an mich.
- Ich helfe einem Menschen, obwohl er sich gut selbst helfen könnte.
- Ich wende mich deshalb einem Menschen intensiv zu, weil er alles dafür tut, um Mitleid zu erregen.

Mit dem Herzen sehen

- Ich mache mich von ihm abhängig und könnte ohne ihn nicht leben.
- Ich opfere mich für den anderen auf.

Haben Sie das verdaut? Haben Sie sich in der einen oder anderen Antwort selbst „erwischt"? Dann lesen Sie, was Liebe ist:

- Ich höre aktiv zu und versuche, den anderen zu verstehen.
- Ich nehme interessiert wahr, was der andere denkt und fühlt.
- Ich laufe weder vor seinen noch vor meinen oder vor unseren gemeinsamen Problemen fort.
- Ich tue alles dafür, dass wir beide eigenständige Persönlichkeiten bleiben oder werden.
- Ich habe den dringenden Wunsch, dass wir beide innerlich wachsen.
- Ich bin bereit, mich zu verändern und zuzulassen, dass der andere sich verändert.

Wachstum und Veränderung sind Prozesse, die nur unter Mühen und Schmerzen möglich sind. Das gilt in besonderer Weise für die Liebe.

Ich würde mir die ganze Sache gern leichter machen. Sie auch? Ich würde gern auf alle Schmerzen verzichten. Das Leben ist schwierig, aber zum Glück gilt ebenfalls: Es ist voller Schmerzen wie voller Freuden. Wenn ich das erkannt und akzeptiert habe, kann ich mich mit großer Gelassenheit dem „Wind der Veränderung" stellen.

Wechselspiel

Wenn jeder
im Wechselspiel der Liebe
versucht,
auf den anderen einzugehen
und ihm das Leben
so schön wie möglich zu machen,
dann gibt es viele Tage,
an denen man miteinander
Hoch-Zeit feiern kann.

Christa Spilling-Nöker

Was Liebe ist

PIET VAN BREEMEN

Liebe verstehen Menschen bekanntlich auf viele und unterschiedliche Weisen. Da gibt es zum Beispiel die romantische, sehr gefühlvolle Variante. Andere interessiert vor allem die körperliche Liebe. Oder da gibt es die Überzeugung, einzig die selbstlose Nächstenliebe sei wahrhaft Liebe. Einige streben nach der rein übernatürlichen Liebe, fern von den Menschen, nur dem Himmel zugewandt.

Liebe kennt nicht nur viele Deutungen, sondern sie hat auch viele Gestalten. Da ist die Liebe zwischen Mann und Frau in der Ehe oder die Liebe der Eltern zu den Kindern, der Kinder zu den Eltern. Da gibt es die Liebe in einer Ordensgemeinschaft. Eine sehr schöne Deutung gibt *Jean Vanier*, der Gründer der „Arche"-Gemeinschaft (des gemeinsamen Lebens mit Menschen mit einer Behinderung): „Liebe ist: einem anderen dessen eigene Schönheit zu offenbaren." Dem anderen deutlich machen, wie schön er ist: Das ist Liebe.

Und dafür braucht der andere mich. Das kann er alleine nicht entdecken. Vor dem Spiegel findet man das nicht heraus. Nein, das muss ein Mitmensch ihm oder ihr offenbaren. Damit hat *Jean Vanier* etwas vom Kern der Liebe erfasst: einem anderen dessen eigene Schönheit offenbaren.

Liebe ist der Kompass

ADALBERT LUDWIG BALLING

Was ist Liebe? Was kann sie bewirken? Ist sie allmächtig? Ist sie maßlos? Kennt sie keine Grenzen? Die Antworten auf diese Fragen werden so zahlreich sein wie die Menschen, die sie zu geben versuchen.

Liebe ist all-mächtig, wenn sie den anderen loslässt; wenn sie ihn nicht fest-bindet; wenn sie ihn so sein lässt, wie er ist. Liebe ist maßlos, wenn sie sich verschenkt; wenn sie nicht aufrechnet; wenn sie frei lässt, was nur in Freiheit reifen kann.

Bert Brecht fasst die Liebe ins Bild der Weggemeinschaft: „Ich will mit dem gehen, den ich liebe." Liebe will nicht ausrechnen, was das gemeinsame Gehen kostet. Sie will nicht nachdenken, wem es nützt. Sie will nicht einmal wissen, ob der Andere auch zurückliebt. Sie will nichts anderes als: mit dem gehen, den sie liebt.

Auf die Frage nach der Liebe lässt Jelaladdin Rumi, der islamische Mystiker aus dem mittelalterlichen Persien, Gott selbst antworten: „Liebe ist, wenn du dich ganz in mich hinein verloren hast!" Und er fügt hinzu: Durch Liebe werde Bitteres süß, durch Liebe werde Kupfer zu Gold; durch Liebe werde Trübes klar; durch Liebe bringe Schmerz Heilung; durch Liebe würden die Toten lebendig.

Liebe ist der Kompass, der auf Gottes Geheimnis weist: „Mag die Liebe von der Erde oder vom Himmel sein, immer führt sie zu Gott."

Mit dem Herzen sehen

Hommage (für meinen Vater)

Als ich klein war
habe ich dich bewundert
du warst der Mittelpunkt der Welt
und meine Hand in deiner Hand
dort war es warm
ich war geborgen aufgehoben
nichts und niemand konnte mir was tun

du hast mir Schlittenfahren beigebracht
und die verschiedenen Sorten des Getreides
du hast mich schwimmen gelehrt
und dass es wichtig ist zu lesen
wir haben Sonnenblumen geklaut
und Papierschiffchen fahren lassen
und nichts und niemand konnte mir was tun

manchmal hast du zugeschlagen
selten gesagt dass es gut war was ich machte
und doch hast du manchen Fehler ausgebügelt
und wenn es wichtig war dann warst du da
und du hast mich losgelassen
auch wenn ich heut erst ahne wie schwer es war
denn nichts und niemand durfte mir was tun

du hast geschwiegen als ich abends wegging
und du hast mich doch irgendwo abgeholt
du hast gelitten als ich auszog
und hast doch den Umzug organisiert
und ich weiß du hast geweint
und konntest kein Wort sagen
denn nichts und niemand sollte mir was tun

du warst freundlich zu den Freunden
obwohl du wusstest das geht nicht gut
du hast mich am Telefon verleugnet
als ich am Ende war und mich bei euch versteckte
du konntest deine Liebe oft nur mit Geld beweisen
doch wenn's drauf ankam warst du da
denn nichts und niemand sollte mir was tun

ich bin dir fremd geworden in den Jahren
es gibt vieles was du nicht verstehst
ich leb in einer Welt die nicht die deine ist
du lebst in permanenter Angst um mich
und doch – du hältst mich nicht du lässt mich gehen
vertraust mir vertraust den Wurzeln
und nichts und niemand wird mir etwas tun

inzwischen bist du alt geworden
du bist vergesslich manchmal hart
und ab und zu da nervst du auch
du bist gebrechlich nicht mehr stark
es tut mir weh dich so zu sehn
und manchmal hab ich Angst vor dem Besuch
denn nichts und niemand dürfte dir was tun

und dann ist da ein Moment
in dem du schmunzelst wie vor 40 Jahren
in dem die Augen wieder strahlen
in dem du einsiehst: ja, du nervst
und ohne Worte sagst: es tut dir leid
und dann wein ich ohne Tränen
denn nichts und niemand darf dir etwas tun

Mit dem Herzen sehen

Abschied gelebt in kleinen Raten
ein Bild in mir dem du nicht mehr entsprichst
und doch möchte ich lernen
dich so zu sehen wie du bist
dich zu finden in dem Lachen
und ahne drum du lehrst mich
dein Gehen

denn irgendwann
und irgendwo
wird jemand dir
was tun

Andrea Schwarz

Wahrheit, verbunden mit Wärme

PHIL BOSMANS / ULRICH SCHÜTZ

Jeder Mensch fühlt sich wohl, wenn er Wärme spürt, ein liebevolles Wort, eine zärtliche Berührung. Das erfährt schon ein Säugling an der Brust seiner Mutter. Davon können Liebende ein Lied singen. Und selbst Sterbende brauchen in ihrer Todesangst nichts so sehr wie den Trost menschlicher Nähe, die Zärtlichkeit einer Hand auf ihrer kraftlosen Hand.

Jeder Mensch fängt klein und zart an, und er bleibt sein Leben lang verletzlich. Schon ein hartes Wort, ein ungerechter Vorwurf, eine Rücksichtslosigkeit kann tiefe Wunden hinterlassen. Menschen sind empfindlich. Manchmal reagiert sogar das größte Raubein wie eine überempfindliche Mimose.

Zärtlichkeit ist nicht Kraftlosigkeit, sondern sanfte Energie. Zärtlichkeit ist kein verkappter Egoismus, sondern Wahrheit, verbunden mit Wärme. Zärtlichkeit ist nicht gefühlvolle Aufdringlichkeit, sondern das Fingerspitzengefühl, das bei aller Nähe um Abstand weiß und die Freiheit des anderen wahrt. Zärtlichkeit: eine schwere Kunst. Sie gehört zur Kunst des Lebens und des Liebens.

Mit dem Herzen sehen

Brot und Rosen

PIERRE STUTZ

Brot und Rosen, das lebensnotwendige Alltägliche und das Besondere, sind Ausdruck der Sehnsucht nach Liebe, die in uns Menschen brennt und die im Weiterschenken gestillt wird. „Jeder Mensch wird mit einem unerschöpflichen Vorrat an Liebe geboren", schreibt der nicaraguanische Dichter und Mönch *Ernesto Cardenal*. In einer Partnerschaft trauen wir diesem unerschöpflichen Vorrat.

Wir vertrauen, dass das Lebensnotwendige, das Brot, sowie das Schöne, das Unerwartete, das Geschenk, die Rosen, im gemeinsamen Unterwegssein erfahrbar sind. Das tägliche Brot steht für das Kraftvolle und Mühsame des Lebens, das uns nährt und hoffnungsvoll leben lässt. Die Rosen sind auch ein Sinnbild der erotischen Lebenskraft, die eine Freundschaft belebt.

Dazu braucht es das Pflegen einer Beziehung, das Einüben einer wohlwollenden Konfliktfähigkeit und zugleich den gegenseitigen Freiraum, damit jede und jeder sich im Zusammensein und durch die Beziehung noch mehr entfalten kann.

Die einzige Medizin

ANTHONY DE MELLO

Ein Muslimkönig verliebte sich leidenschaftlich in eine Sklavin und holte sie aus den Sklavenhäusern in den Palast. Er wollte sie heiraten und zu seiner Lieblingsfrau machen, aber am Tag, als sie den Palast betrat, wurde das Mädchen auf geheimnisvolle Weise krank. Es ging ihr immer schlechter. Sie erhielt jede Arznei, die beschafft werden konnte, aber nichts half. Und das arme Mädchen schwebte zwischen Leben und Tod. Verzweifelt bot der König die Hälfte seines Reiches dem an, der sie heilen konnte. Aber niemand traute sich, eine Krankheit heilen zu wollen, die den besten Ärzten des Reiches ein Rätsel war.

Schließlich tauchte ein Hakim auf, der bat, das Mädchen allein sehen zu können. Nachdem er lange mit ihr gesprochen hatte, trat er vor den Thron des Königs, der voller Angst sein Urteil erwartete.

„Eure Majestät", sagte der Hakim, „ich kenne tatsächlich eine unfehlbare Medizin für das Mädchen. Und ich bin ihrer Wirkung so sicher, dass ich bereit bin, mich bei Misserfolg enthaupten zu lassen. Die Medizin, die ich vorschlage, wird allerdings äußerst schmerzhaft sein, nicht für das Mädchen, aber für Eure Majestät."

„Nenne die Medizin", rief der König, „und sie soll sie bekommen, gleichgültig, was sie kostet."

Der Hakim sah den König mitleidsvoll an und sagte: „Das Mädchen liebt einen Eurer Diener. Gebt ihr die Erlaubnis, ihn zu heiraten, und sie ist sofort gesund."

Mit dem Herzen sehen

Es ist was es ist

Es ist Unsinn
sagt die Vernunft
Es ist was es ist
sagt die Liebe

Es ist Unglück
sagt die Berechnung
Es ist nichts als Schmerz
sagt die Angst
Es ist aussichtslos
sagt die Einsicht
Es ist was es ist
sagt die Liebe

Es ist lächerlich
sagt der Stolz
Es ist leichtsinnig
sagt die Vorsicht
Es ist unmöglich
sagt die Erfahrung
Es ist was es ist
sagt die Liebe

Erich Fried

4

Alles wird gut

Die Weisheit des Alters

Gereiftes Urteil

Bewahre dir
das einfache Herz des Kindes,
aber lass durch dein Lebensalter
deine Urteilskraft reifen.

> *Weisheit der Bibel*
> Nach 1 Korinther 14,20

Die alte Dame vom Strand

ANTHONY DE MELLO

Eine fünfköpfige Familie war glücklich, einen Tag am Strand verbringen zu können. Die Kinder badeten im Meer und bauten Sandburgen, als eine kleine alte Dame auf sie zukam. Ihr graues Haar wehte im Wind und ihre Kleidung war schmutzig und zerlumpt. Sie murmelte vor sich hin, während sie Gegenstände vom Boden aufhob und in eine Tasche tat.

Die Eltern riefen die Kinder zu sich und sagten, sie sollten sich von der alten Dame fernhalten. Als sie vorbeiging und sich hin und wieder bückte, um etwas aufzuheben, lächelte sie der Familie zu: Aber ihr Gruß wurde nicht erwidert.

Viele Wochen später erfuhren sie, dass die kleine alte Dame es sich zur Lebensaufgabe gemacht hatte, Glasscherben am Strand aufzuheben, damit sich die Kinder nicht die Füße aufschnitten.

Der alte Mann und der Skorpion

Henri Nouwen

In Indien lebte einmal ein alter Mann, dessen Gewohnheit es war, jeden Tag zu früher Stunde unter einem großen Baum am Ufer des Ganges zu meditieren. Eines Morgens, als der Mann seine Meditation beendet hatte und die Augen aufschlug, sah er einen Skorpion hilflos in der Strömung treiben.

Als der Skorpion in die Nähe des Baumes gelangt war, verfing er sich in dem weit in den Strom reichenden Wurzelwerk. Der Skorpion kämpfte wie besessen, um sich zu befreien. Aber je heftiger er sich hin und her warf, desto aussichtsloser verstrickte er sich im Wurzelgewirr.

Als der alte Mann die verzweifelten Befreiungsversuche des Tieres sah, legte er sich in seiner ganzen Länge auf eine in das Wasser reichende dicke Wurzel und griff mit ausgestreckter Hand nach dem zappelnden Skorpion, um ihn zu retten. Doch kaum hatte er ihn berührt, stach das Tier plötzlich zu.

Instinktiv zog der alte Mann die Hand zurück. Aber nachdem er die Balance wieder gefunden hatte, streckte er noch einmal die Hand aus, um dem um sein Leben kämpfenden Skorpion zu helfen. Und wieder stach der Skorpion zu, sobald ihn der alte Mann zu fassen versuchte. So ging es fort, bis die Hände des alten Mannes durch die Stiche des giftigen Schwanzstachels anschwollen und bluteten. Mit schmerzverzerrtem Gesicht beobachtete er den immer noch im Wasser um sich schlagenden Skorpion.

In diesem Moment kam ein Wanderer des Wegs, sah den auf der Baumwurzel ausgestreckt liegenden und mit dem Skorpion kämpfenden alten Mann und rief ihm erstaunt zu: „He, Alter! Was ist mit dir? Nur ein Dummkopf riskiert sein Leben für ein hässliches, nutzloses Geschöpf. Du weißt wohl nicht, dass es dich das Leben kosten kann, wenn du meinst, diese undankbare Kreatur retten zu müssen?"

Der alte Mann hob bedächtig den Kopf, blickte dem Fremden ruhig in die Augen und erwiderte: „Mein Freund, sollte ich wegen der Natur des Skorpions, zu stechen, meine eigene Natur, zu retten, aufgeben?"

Wann die Seele runzelt

ADALBERT LUDWIG BALLING

Rainer Maria Rilke fragte einmal, wie alt man werden müsse, „um wirklich genügend zu bewundern, um nirgends hinter der Welt zurückzubleiben".

Albert Schweizer, der „Urwalddoktor" von Lambarene in Westafrika, fand eine ganz eigene Art, das Alter zu zählen: Niemand werde alt, nur weil er eine Anzahl Jahre hinter sich gebracht habe. Alt werde man nur, wenn man seinen Idealen Lebewohl sage: „Mit den Jahren runzelt die Haut, mit dem Verzicht auf Begeisterung aber runzelt die Seele. Sorgen, Zweifel, Mangel an Selbstvertrauen, Angst und Hoffnungslosigkeit – das sind die langen Jahre, die das Haupt zur Erde ziehen und den aufrechten Gang in den Staub beugen."

Er wenn die Flügel nach unten hingen und das Innere des Herzens vom „Schnee des Pessimismus" und vom „Eis des Zynismus" bedeckt werden, erst dann sei man wirklich alt.

Ohne zu fragen, wie man alt werden müsse, um in Würde alt zu werden, hat Papst *Johannes Paul II.* die Würde des Alterns und Krankseins im Alter vorgelebt – und zwar völlig ungeschützt und vor den Kamera-Augen der Welt. Er hat bezeugt, wie man trotz chronischer Schmerzen und zahlreicher Gebrechlichkeiten würdevoll leben kann – und gerade zahllose Jugendliche haben sein Zeugnis gesucht und aufgenommen.

Jahr für Jahr

Sascha Veitl

Wir sind eingebunden in Jahreskreise, in Jahreszeiten, verbunden mit Bräuchen, Sitten, Ritualen. Wir sind Teil eines wiederkehrenden Lebensrhythmus, der vieles aus den vergangenen Jahren wieder ans Ufer spült, Jahr für Jahr.

Mit den Ereignissen werden auch Gefühle und Stimmungen wieder wach, lassen uns im Heute noch einmal das Gestern erleben. Haben wir zum Beispiel einer Situation, einer Entscheidung, einem Empfinden … von gestern bislang nicht ausreichend Aufmerksamkeit geschenkt oder sahen wir uns nicht in der Lage, auf eine für uns angemessene Weise damit umzugehen, so erinnert oftmals der Jahreskreis daran, dieses Problem oder dieses Thema doch noch zu betrachten, zu durchleuchten, zu erlösen. Wir bekommen erneut die Aufforderung, uns einer Sache zu stellen, zu bearbeiten, um endlich in Frieden zu kommen mit ihr und wieder ein Stück freier zu werden.

Wenn bestimmte Ereignisse sich jähren, kann unerlöst Vergangenes nochmals zur Chance einer neuen Gegenwart werden. So erhalten wir Jahr für Jahr das Angebot, ein Stück mehr loszulassen, anzunehmen, zu vergeben …

man
wird nicht
einfach
50

ein neuer Lebensschritt
Abschied und Anfang
und ich irgendwie
dazwischen

natürlich
könnte ich stehen bleiben
alles an mir vorübergehen lassen
und so tun als wäre nichts

es ist trotzdem was
Altes verabschiedet sich
Neues kündigt sich an
es wird anders

die Wirklichkeit verändert sich
ich bin keine zwanzig mehr
ich muss mich neu suchen
und vielleicht finden

aber vielleicht ist gerade das die Chance
den Verlust als Gewinn sehen
das Neue als Ergänzung
das Andere als Bereicherung

und ich
entscheide mich für

neugierig sein
und werden
und bleiben
bis in den Tod hinein

Andrea Schwarz

Die Farben des Herbstes

PHIL BOSMANS / ULRICH SCHÜTZ

Wenn die Bäume kahl werden und die Tage kürzer und kälter, dann wissen wir: Es wird Herbst. Die Blütenträume des Frühlings sind ausgeträumt. Die Hitze des Sommers hat sich gelegt. Wie werden wir den Herbst empfangen? Enttäuscht, weil manches anders kam, als wir es uns im Frühling des Lebens ausmalten? Dabei kann der Herbst doch so schön sein, durchleuchtet von mildem Sonnenschein, voll von bunten Farben. Auch der Herbst des Lebens ist keine Katastrophe, sondern eine kostbare Zeit. Nicht nur der Frühling ist schön. Auch älter und schwächer gewordene Menschen sind wertvolle Menschen. In ihnen ruhen Schätze. Sie können zeigen, was das Leben des Menschen kostbar macht.

Freilich gibt es nicht so selten ältere Menschen, die alles schwarz sehen und für die alles bergab geht. Für sie geht selbst die Sonne am Morgen schon unter. Mit allem sind sie unzufrieden. Keiner kann es ihnen recht machen. Es geht auch anders. Es gibt auch Menschen, die anders alt werden. Sie versöhnen sich mit dem, was ihnen nicht mehr möglich ist. Aus allem, was sie noch können, versuchen sie, das Beste zu machen. Von ihnen geht Gelassenheit aus, Zuversicht und Herzensgüte.

Was ist das Geheimnis dieser Menschen, bei denen man sich wohlfühlt, die für ihre Umgebung ein Segen sind? Sie haben ein junges Herz behalten. Am Guten der Vergangenheit haben sie ihre Freude. Das Schöne der Gegenwart können sie dankbar genießen und das Schwere in Geduld hinnehmen. In die Zukunft schauen sie mit einem großen Vertrauen. Sie lieben das Leben, so wie es ist, und die Menschen, so wie sie sind. *Das ist die Kunst: Alt werden mit einem jungen Herzen.*

Reifezeit, Erntezeit

ANSELM GRÜN

„Warte auf das Wunder – wie der Gärtner auf das Frühjahr."
Dieser Satz des Dichters Antoine de Saint-Exupéry steckt
voller Weisheit für unser alltägliches Leben.

Wunder kann man nicht machen. Wunder geschehen
vor allem dort nicht, wo Menschen hektisch hin- und herlau-
fen, wo sie etwas erzwingen wollen. Wunder geschehen dort,
wo jemand warten kann. Das Wunder der Blüte kann nur
derjenige beobachten, der darauf wartet wie der Gärtner.
Der Gärtner bereitet mit seiner Arbeit dem Frühling den
Weg, aber er kann ihn keinen Augenblick früher herbeifüh-
ren. Der Frühling kommt, wann er will. Der Gärtner kann
nur dabeistehen und warten.

Mit dem Warten tun sich heute viele Menschen schwer.
Sie meinen, alles müsse in möglichst kurzer Zeit vollbracht
werden. Doch wo etwas wirklich wachsen soll, braucht es das
geduldige Warten. Beziehungen zwischen Menschen brauchen Zeit zum Wachstum. Ein Gruppenprozess braucht
Zeit. Viele Firmen beugen sich heute dem Druck, innerhalb
von zwei Jahren Erfolge vorzuweisen. Doch sind diese oft
nur kurzfristig. Was in zu kurzer Zeit erworben wurde, geht
auch schnell wieder verloren. Wachstum braucht Zeit. Das
gilt auch für den Wachstumsprozess des Einzelnen. Nur
wer geduldig ist mit sich selbst, wer warten kann, wird auch
die Früchte seines Reifens ernten.

Eine indische Geschichte

Anthony de Mello

Die Zeit der Monsunregen stand bevor, und ein sehr alter Mann grub in seinem Garten tiefe Löcher.

„Was tut Ihr?", fragte ein Nachbar.

„Ich pflanze Mango-Bäume", lautete die Antwort.

„Wollt Ihr etwa noch Früchte von diesen Bäumen essen?"

„Nein, so lange werde ich nicht mehr leben. Aber andere werden da sein. Mir fiel neulich ein, dass ich mein Leben lang Mangos gegessen habe, die von anderen Leuten gepflanzt wurden. Auf diese Weise möchte ich ihnen meine Dankbarkeit zeigen."

Dankbarkeit verwandelt

DIETRICH BONHOEFFER

Je schöner und voller die Erinnerungen,
desto schwerer die Trennung.
Aber die Dankbarkeit verwandelt
die Qual der Erinnerung
in eine stille Freude.
Man trägt das vergangene Schöne
nicht mehr wie einen Stachel,
sondern wie ein kostbares Geschenk
in sich.

Alter macht nicht immer weise

Ich dachte bei mir:
Lass das Alter reden,
der Jahre Fülle soll die Weisheit künden.
Doch nur der Geist, der sich im Menschen aufhält,
des Allerhöchsten Atem macht ihn klug.
Die alt an Jahren, sind nicht immer weise,
nicht immer wissen Greise auch das Rechte.

Aus dem Buch Ijob

Eine religiöse alte Dame hatte an allen Religionen etwas aus-
zusetzen, also gründete sie eine eigene. Eines Tages sagte
ein Reporter zu ihr, der sich bemühte, ihre Ansicht zu verstehen: „Glauben Sie wirklich, wie man behauptet, dass niemand in den Himmel kommen wird außer Ihnen und Ihrem
Hausmädchen?" Die alte Dame dachte über die Frage nach
und erwiderte: „Bei Mary bin ich nicht sicher."

Anthony de Mello

Alles wird gut

In der Weite des Meeres

In der Weite
des Meeres
siehst du vielleicht
die zurückgelegte Meile nicht

aber sie ist gesegelt

Andrea Schwarz

5

Keine Nacht ist ohne Stern

Weisheit für dunkle Stunden

Gut zu wissen

Bist du von Schicksalsschlägen getroffen?
Und doch: Du bist am Leben!
Bist du von Trauer erfüllt?
Und doch: Unzerstörbar lebt auch in deinem Herzen
die Freude.
Stehst du mit leeren Händen da?
Und doch: Hände, die bereit sind zu geben,
sind niemals leer.
Weisheit ist zu wissen:
Nichts gehört uns auf Dauer,
und doch: Alles wird uns zum Guten dienen.

Weisheit der Bibel
Nach 2 Korinther 6,29–30

Wer weiß?

ANTHONY DE MELLO

Eine chinesische Geschichte erzählt von einem alten Bauern, der ein altes Pferd für die Feldarbeit hatte. Eines Tages entfloh das Pferd in die Berge, und als alle Nachbarn des Bauern sein Pech bedauerten, antwortete der Bauer: „Pech? Glück? Wer weiß?"

Eine Woche später kehrte das Pferd mit einer Herde Wildpferde aus den Bergen zurück, und diesmal gratulierten die Nachbarn dem Bauern wegen seines Glücks. Seine Antwort hieß: „Glück? Pech? Wer weiß?"

Als der Sohn des Bauern versuchte, eines der Wildpferde zu zähmen, fiel er vom Rücken des Pferdes und brach sich ein Bein. Jeder hielt das für ein großes Pech. Nicht jedoch der Bauer, der nur sagte: „Pech? Glück? Wer weiß?"

Ein paar Wochen später marschierte die Armee ins Dorf und zog jeden tauglichen jungen Mann ein, den sie finden konnte. Als sie den Bauernsohn mit seinem gebrochenen Bein sahen, ließen sie ihn zurück. War das nun Glück? Pech? Wer weiß?

Mit voller Kraft – aber wohin?

MARGOT KÄSSMANN

Sie kennen sicher auch die Sorte Autofahrer, die erkennen, dass sie den Weg verloren haben, aber statt anzuhalten und sich zu orientieren, ob die Richtung stimmt, geben sie Gas, jagen den Motor, um noch mehr herauszuholen. So sieht es heute für viele aus, vielleicht für unsere ganze Welt. Der Glaube sagt: Halt an. Nimm dir Zeit, dein Leben zu bedenken. Du bist rechenschaftspflichtig gegenüber Gott. Nein, Gott verlässt dich nicht. Gott ist bei dir und wird dich tragen, gerade in den dunklen Stunden deines Lebens.

Die Weisheit des Leibes

ANSELM GRÜN

Gott spricht zu uns in den Krankheiten. Da weist er uns oft auf Seiten hin, die wir nicht erkannt haben. Dabei geht es nicht darum, nach Schuld zu fragen. Ich kann nicht sagen, dass ich durch meine verdrängten Gefühle schuld bin an meiner Krankheit. Wenn ich nur nach meiner Schuld an der Krankheit suche, werde ich von Schuldgefühlen überschwemmt und die hindern mich gerade am Gesundwerden.

Ich soll nicht in der Vergangenheit forschen, sondern die Krankheit als Anruf verstehen, in dem Gott mich darauf hinweisen will, bewusster und angemessener zu leben. Vielleicht habe ich mein Maß überschritten. Vielleicht sollte ich behutsamer mit mir umgehen. Vielleicht sollte ich genauer in mein Inneres schauen, was sich da auf dem Grund meiner Seele regt.

Oft haben wir in uns eine Ahnung, was für uns stimmt. Aber dann überhören wir, was der Leib uns sagt. Wir leben einfach so weiter. Dann muss Gott oft lauter zu uns sprechen, etwa in einer Krankheit, die uns die Augen dafür öffnet, dass wir an uns vorbeileben. Die Krankheit ist oft ein Mahnruf Gottes, den wir nicht überhören sollten. ...

Die Krankheit kann zur spirituellen Herausforderung werden, mich zu befreien von der Illusion, ich bräuchte nur genug zu beten oder gesund zu leben, dann könne mir nichts passieren. Und die Krankheit kann mir zeigen, worauf es eigentlich in meinem Leben ankommt. Es geht nicht darum, möglichst gesund zu sein und möglichst viel zu leisten, sondern durchlässig zu sein für Gott, durchlässig in meiner Gesundheit und in meiner Krankheit, in meiner Kraft und in meiner Ohnmacht.

Was machen wir mit der Angst?

Franz Kamphaus

„Euer Herz sei ohne Angst ..." (Johannes 14,1). Christi Wort in Ehren, aber wir haben Angst. Viele haben eine panische Angst, zu kurz zu kommen, etwas zu verpassen. Tausend Ängste, die uns bedrängen ... Angst, dass mein Leben keinen Sinn hat, dass ich leer ausgehe. Angst, dass ich versagen kann („Versager") und dem nicht gerecht werde, was man von mir fordert. Angst, den anonymen Mächten (Entwicklungen, Trends, Institutionen, Verwaltungen) hoffnungslos ausgesetzt zu sein. Angst um die Zukunft der Kinder. Angst, für kommende Generationen Verantwortung zu übernehmen, für das Leben der Kinder. Angst vor dem Altwerden, Angst, abtreten zu müssen. Angst, dass mein Leben ein Ende hat und dass ich sterben muss.

Was machen wir mit der Angst? So tun, als wäre sie nicht da? Sie nicht ernst nehmen, verharmlosen, verdrängen? Jammern? Klagen? Standhalten? Fassung wahren? Aber wie? Die beste Garantie gegen die Angst scheint immer noch der Besitz zu sein. Deshalb setzen wir alle Mittel in Bewegung, um immer mehr zu haben. Wir bauen mit allen möglichen Mitteln Dämme gegen die Angst. „Geld beruhigt", sagen wir. Hat der Wohlstand die Angst gelöst?

Was machen wir mit der Angst? Angst heißt: Es wird enger um uns herum, man wird in die Enge getrieben! Wie bekommen wir Luft? Wie bekommen wir weiten Raum, um leben zu können? Manchmal lese ich auf frommen Plakaten: „Wer glaubt, hat keine Angst!" Das mag schon sein. Sicher hat der Glaube mit der Angst zu tun, und sicher hat die steigende Angst mit dem schwindenden Glauben zu tun. Aber: Der Glaube verharmlost die Angst nicht, er weiß: Mensch sein bedeutet Angst haben. Ich kann die Angst nicht verleugnen. Vielleicht ist mein Glaube zu schwach. Mich tröstet, dass Jesus Angst gehabt hat. So sagt es das Evangelium: „Und er betete in seiner Angst noch inständiger, und sein Schweiß war wie Blut, das auf die Erde tropfte" (Lukas 22,44). In seiner Angst findet er einen Engel, der ihn stärkt.

Weiß Gott, das ist ein Engel, ein Geschenk des Himmels, wenn man in der Angst jemand findet, an den man sich halten kann, der trägt.

~

Bleibe bei uns, Herr,
denn es will Abend werden,
und der Tag hat sich geneigt.
Bleibe bei uns
am Abend dieses Tages,
am Abend des Lebens,
am Abend der Welt.
Bleibe bei uns
mit deiner Gnade und Güte,
mit deinem Trost und Segen.
Bleibe bei uns,
wenn über uns kommt
die Nacht der Trübsal und Angst,
die Nacht des Zweifels und der Anfechtung,
die Nacht des bitteren Todes.
Bleibe bei uns
und allen deinen Menschenkindern
in Zeit und Ewigkeit.

Nach Georg Christian Dieffenbach

Trotz allem hoffen

GISBERT GRESHAKE

Mit der Hoffnung ist es eine seltsame Sache: Sie trägt ein doppeltes Gesicht. Es gibt jene Form der Hoffnung, in der man auf ganz bestimmte Ereignisse hofft: „Ich hoffe, dass …", nämlich: ich hoffe, dass ich gesund werde, dass ich noch länger leben kann, dass ich lang gehegte Lebensziele noch erreiche. Solcher Art Hoffnungen werden oft enttäuscht. Und doch brauchen solche Enttäuschungen nicht zur Aufgabe der Hoffnung überhaupt und zur totalen Verzweiflung zu führen. Ent-Täuschung kann auch Befreiung von Täuschung und Illusion bedeuten und gerade so eine neue Form der Hoffnung aufbauen, eine Hoffnung, die sich nicht mehr ausdrückt in der Formel „Ich hoffe, dass …", sondern nur noch in den Worten „Ich hoffe".

Es ist eine Hoffnung, die keinen festen Inhalt mehr hat, sondern die gerade dann ihr Haupt erhebt, wenn alle inhaltlich bestimmten Hoffnungen zusammenbrechen. Mit den Worten „Ich hoffe" bekennt der Hoffende, dass nichts, was immer auch ist oder kommen mag, für ihn unwiderruflich abgeschlossen ist. Er baut darauf, dass das scheinbar Ausweglose und Festgefahrene nicht das Definitive ist, sondern dass alles umfangen ist von einem letzten Sinn, dass alles einmündet in eine letzte Versöhnung und Heilung, ohne aber das Wie und Was zu wissen. Ja, der Hoffende hofft oft gegen alle Hoffnung.

Worauf gründet sich solche Hoffnung? Ist sie überhaupt verantwortbar? Gewiss ist es nicht unrichtig, wenn man sagt: Hoffnung gründet in einer Art „angeborenen" Urvertrauens zum Leben, im Sinne eines Wortes von *Gabriel Marcel*, wonach „an der Wurzel der Hoffnung … etwas [liegt], das uns buchstäblich angeboren ist"; ein weiteres Wort von ihm lautet, dass die Hoffnung „der Stoff ist, aus dem vielleicht unsere Seele gemacht ist". Das heißt: In der menschlichen Tiefe ist eine seltsame Macht, die „trotzdem" sagt, die sich sicher ist, dass auch das eigene oder fremde behinderte, leistungsunfähige, vom Tod gezeichnete Leben Sinn hat …

Ich selbst habe Folgendes erlebt: Als ich vor etlichen Jahren vor einer Serie von zum Teil schwierigen Operationen stand, wünschte mir ein Assistenzarzt, der mich kurz vor der ersten größeren Operation noch einmal untersuchte, alles Gute. Dann drehte er sich beim Hinausgehen noch einmal um und sagte ganz schlicht (und der fremdartig-slawische Akzent seiner Sprachmelodie ist heute noch in meinem Ohr): „Wir stehen alle in Gottes Hand." Der Arzt wusste wohl kaum, dass ich Priester bin, so dass man den Verdacht haben könnte, er wollte mir sozusagen nur einen „frommen Gefallen" tun. Ich habe dieses Wort aus dem Mund eines Arztes als ungeheuer wohltätig empfunden, als Ausdruck dafür, dass Gesunde und Kranke im gleichen Boot sitzen, da beide auf ihre Weise die Grenzen ihres Lebens – Vorschein der einen großen beängstigenden Todesgrenze – erfahren. Gesunde und Kranke sitzen aber auch insofern in einem Boot, als sie gemeinsame Hoffnung haben und sich auch in dieser gemeinsamen Hoffnung bestärken können: „Wir stehen alle in Gottes Hand." Nicht durch Verdrängen und Verschweigen, sondern durch mutiges Anschauen und Bejahen der Grenze und durch die Hoffnung, dass die Grenze nicht das letzte Wort hat, lässt sich mit Grenzen leben und Leiden bewältigen.

Ein Stück Himmel

BÄRBEL WARTENBERG-POTTER

Sommerzeit. Ferienzeit. Weiße Wolken am Himmel. Das strahlende Blau der Tage. Hitze steigt auf aus dem trockenen Gras. Die Wolken schieben sich übereinander und bewegen den Himmel. Die Sonne glüht. Es glänzt der See oder das Meer und laden zum Bade. Ferienzeit. Für viele Menschen ein Stückchen Himmel auf Erden, oft das einzige, an das sie noch glauben. …

„Wann kommt das Reich Gottes?", wird Jesus von den Pharisäern gefragt. Er antwortet: „Das Reich Gottes kommt nicht so, dass man's beobachten kann; man wird auch nicht sagen: Siehe, hier ist es! oder: Da ist es! Denn siehe, das Reich Gottes ist mitten unter euch" (Lukas 17,20–21). Für viele Menschen ist diese Bitte „Dein Reich komme" ein Schrei nach Erlösung.

Mitten in die 20-Uhr-Nachrichten über die Kriege, Bombardierungen, Katastrophen, diese Bitte aussprechen: Deine gerechte Welt komme. Dein Wille geschehe wie im Himmel so auf Erden. Oder mitten in den Traurigkeiten, die uns umstellen: ein Paar, das auf die Scherben seiner Beziehung blickt; all die Missverständnisse und Unfähigkeiten, das verfehlte Zueinanderfinden. Wohin kann man fliehen aus all den Bitterkeiten. Bei dir Gott, ist Hilfe, Friede, ist Versöhnung. Dein Reich komme.

Angesichts des Schmerzes über den Hunger so vieler Menschen auf dieser Erde, so viel Elends in unserer Mitte, das Ausbleiben der Versöhnung und Gerechtigkeit unter den Völkern: Dein Reich komme. Deine gerechte Welt komme. Angesichts der Erfahrung unserer schmerzlichen Vergänglichkeit, die uns zuweilen überfallen kann, hat *Dorothee Sölle* in einem Gedicht einmal geklagt:

„Aus Erde bin ich gemacht,
aus Schlamm und Dreck,
aus Blut und Wasser
Gern wär ich ein Vogel
aus Federn Papier
und dünnen Knochen
nicht nass und blutig …
Aber aus Erde sind wir
aus Schmerz"

Dein Reich komme: Ein Schrei nach Hilfe, nach Erlösung. Das Reich Gottes ist kein Land, das auf die Landkarte oder in ein Planetensystem zu zeichnen wäre. Es hat keinen im Kalender zu verzeichnenden Anfang und kein Ende. Das Reich Gottes beschreibt eher die Qualität des Lebens, die anders ist als die Normalität im Alltag der ungerechten Welt. Jesus sagt: „Wenn ich aber die Dämonen durch den Finger Gottes austreibe, dann ist ja das Reich Gottes, die gerechte Welt zu euch gekommen" (Lukas 11,20). Es gibt Anfänge, Glücksmomente, Erfahrungen, Erfüllungen, und das ist bis heute so.

Bitte um Rettung

ANTHONY DE MELLO

Ein Priester saß an seinem Schreibtisch am Fenster und bereitete eine Predigt über die Vorsehung vor, als er plötzlich eine Explosion zu hören glaubte. Bald sah er auch Menschen in Panik hin und her laufen und erfuhr, dass ein Damm gebrochen war, der Fluss Hochwasser führte, und die Bevölkerung evakuiert wurde.

Der Priester sah, wie das Wasser auf der Straße stieg. Es fiel ihm schwer, aufsteigende Panik zu unterdrücken, aber er sagte sich: „Ausgerechnet jetzt arbeite ich an einer Predigt über die Vorsehung, da erhalte ich Gelegenheit zu praktizieren, was ich predige. Ich werde nicht fliehen. Ich werde hier bleiben und auf Gottes Vorsehung, mich zu retten, vertrauen."

Als das Wasser bis zu seinem Fenster stand, fuhr ein Boot vorbei, und die Menschen darin riefen ihm zu: „Steigen Sie ein, Herr Pfarrer."

„Oh, nein, Kinder", sagte der Priester zuversichtlich, „ich vertraue auf die Vorsehung. Gott wird mich retten."

Er kletterte jedoch auf das Dach, und als das Wasser auch bis dorthin stieg, kam ein weiteres Boot voller Menschen vorbei, und sie drängten den Pfarrer, einzusteigen. Wiederum lehnte er ab.

Dieses Mal stieg er bis in die Glockenstube. Als ihm das Wasser bis zu den Knien reichte, schickte man einen Polizeioffizier mit einem Motorboot, um ihn zu retten. „Nein, danke, Herr Offizier", sagte der Priester ruhig lächelnd. „Sehen Sie, ich vertraue auf Gott. Er wird mich nicht im Stich lassen."

Als der Pfarrer ertrunken und zum Himmel aufgestiegen war, beklagte er sich sofort bei Gott. „Ich habe dir vertraut! Warum tatest du nichts, um mich zu retten?"

„Nun ja", erwiderte Gott, „immerhin habe ich drei Boote geschickt."

~

Wie in einem Netz, Herr, dem ich nicht entrinnen kann, bleibe ich immer wieder hängen an dem, was ich entbehren muss, an den Grenzen, in denen sich mein Leben vollzieht, an den Lasten, die zu tragen mir auferlegt sind. Und ich verliere aus dem Blick, dass ich beschenkt bin und immer wieder beschenkt werde von dir. Auch wenn meine Gefühle hinterherhinken: Herr, ich will dich loben.

Antje S. Naegeli

Wer seine Sorgen liebt

Phil Bosmans / Ulrich Schütz

Es gibt Menschen, die sind verliebt – in ihre Sorgen. Sie umarmen ihre Sorgen. Woran sie auch denken, sie denken an ihre Sorgen. Wovon sie auch reden, sie reden von ihren Sorgen. Vor lauter Sorgen haben sie das Lachen verlernt. Sie haben keine Freude mehr am Leben.

Es gibt zwei Arten von Sorgen. Die eine ist eine Schwester der Vernunft. Sie sprengt das fruchtlose Grübeln. Sie lässt uns tun, was wir vorsorgend tun können. Die andere ist eine Schwester der Angst. Solche Sorgen ändern nichts. Sie lösen kein Problem. Sie drehen sich fruchtlos im Kreis. Sie machen uns ratlos, hilflos und schlaflos.

Wie werden wir unsere Sorgen los? Nicht vor ihnen fliehen! Sie sitzen unter unserer Haut, wir nehmen sie überall mit. Vielmehr: Die Sorgen ruhig anschauen! Manchmal stellt sich heraus: Es war halb so schlimm. Überlegen, was wir tun können! Und wenn wir nichts mehr machen können: Legen wir sie in die Hände des Vaters im Himmel! Bei ihm sind sie gut aufgehoben. Seine Liebe vermag alles zum Guten zu wenden.

Keine Nacht ist ohne Stern

Herbst

Die Blätter fallen, fallen wie von weit,
als welkten in den Himmeln ferne Gärten;
sie fallen mit verneinender Gebärde.

Und in den Nächten fällt die schwere Erde
aus allen Sternen in die Einsamkeit.

Wir alle fallen. Diese Hand da fällt.
Und sieh dir andre an: Es ist in allen.

Und doch ist Einer, welcher dieses Fallen
unendlich sanft in seinen Händen hält.

Rainer Maria Rilke

6

Das Lächeln der Seele

Weisheit eines fröhlichen Herzens

Gesichtspflege

Ein frohes Herz macht auch das Gesicht heiter,
und strahlende Augen erfreuen das Herz.

Weisheit der Bibel
Sprichwörter 15,13.20

Wahrheit im Gewand des Lächelns

ADALBERT LUDWIG BALLING

Humor ist nicht zu verwechseln mit Ausgelassenheit. Auch nicht mit lautem Gelächter oder hämischem Spott. Humor hat nichts zu tun mit läppischem Straßenjargon oder spitzfindigem Sarkasmus. Humor ist in der Regel leise und behutsam; bei allen „Spitzen" will er letztlich nicht verletzen. Seine Botschaft lautet: Nimm dich nicht zu ernst! „Fröhlichkeit ist nicht die Flucht vor der Traurigkeit, sondern der Sieg über sie" (Gorch Fock). …

Humor und Gelassenheit gehören zusammen. Gelassenheit gelingt wohl nur den Humorvollen. Denen, die über sich selber lachen können. Die trotz äußerer Hetze und Stress und den Anforderungen des Alltags die Ruhe bewahren. Weil sie in sich ruhen. Weil sie schmunzelnd feststellen, dass es „Dinge" im Leben gibt, die man so nehmen muss, wie sie sind, und die sich nicht von heute auf morgen ändern lassen, die der „liebe Gott" vielleicht ganz bewusst so gemacht hat – oder hat wachsen lassen.

Humor ist nicht das Gegenteil von Wahrheit, sondern Wahrheit im Gewand des Schmunzelnden. Gelassenheit ist nicht das Gegenteil von fleißigem Schaffen, sondern gut bedachter Einsatz der (eigenen) Kräfte und Fähigkeiten. Humor und Gelassenheit sind Geschwiser – „anmutige Formen des Selbstbewusstseins" (Marie von Ebner-Eschenbach).

Das Geschenk der heiligen drei Narren

NACH EINER SCHWEDISCHEN LEGENDE

Als die drei Könige den Stern gesehen hatten, zogen sie mit ihrem Gefolge los und erreichten nach vielen Tagen Betlehem. Der Stern war über einem Stall stehen geblieben. Und darin fanden sie ein erschöpft aussehendes Paar mit einem neu geborenen Kind. Die Gefolgsleute standen draußen, nur die Hofnarren lugten durch die Stalltür. Sie beobachteten die gutmütigen Tiere, die etwas verlegenen Eltern und das kleine Kind, das angefangen hatte zu weinen. Die Narren wussten nicht, was sie machen sollten. Da knieten ihre Herren im schmutzigen Stroh und beschenkten ein armes Kleinkind. Das Kind aber weinte und ließ sich auch von seiner Mutter nicht trösten.

Plötzlich wussten die Narren, was zu tun war. Sie gingen in den Stall, schlugen Rad, jonglierten mit Bällen, hüpften mit lustigen Gebärden um die Krippe herum und machten überhaupt allerlei Faxen.

Die Könige mussten lachen. Der Vater musste lachen. Und die Mutter schaute die Narren so voller Dankbarkeit an, dass die es nie vergessen würden. Das Kind hörte auf zu weinen. Es war zwar gerade erst geboren, doch es blickte die Narren mit klaren, wachen Augen an. Da wussten auch die Spaßmacher: Dieses Kind war heilig. Sie fielen auf die Knie, hörten aber nicht auf, Grimassen zu schneiden, bis alle von Heiterkeit erfüllt waren. Und die Augen des Kindes leuchteten so sehr, dass der ganze Raum in einem warmen Licht erstrahlte.

Die Könige wurden später die Heiligen Drei Könige genannt. Ihre Hofnarren haben dem Jesuskind zwar nicht Gold, Weihrauch oder Myrrhe geschenkt. Ihr Geschenk, das Geschenk der heiligen drei Narren, war die Freude.

Das göttliche Land

ANTHONY DE MELLO

Der Meister war in mitteilsamer Stimmung, also versuchten seine Schüler von ihm zu erfahren, welche Entwicklungsstufen er auf seiner Suche nach dem Göttlichen durchgemacht hatte.

„Zuerst nahm mich Gott an der Hand und führte mich in das Land der Tat, und dort blieb ich mehrere Jahre.

Dann kehrte Er zu mir zurück und führte mich in das Land des Leidens; dort lebte ich, bis mein Herz von jeder übermäßigen Bindung gereinigt war.

Darauf fand ich mich wieder im Land der Liebe, dessen Flamme alles verzehrte, was von meinem Selbst übrig geblieben war.

Und das brachte mich in das Land der Stille, wo die Geheimnisse von Leben und Tod vor meinen staunenden Augen enthüllt wurden."

„War das die letzte Stufe Eurer Suche?", fragten sie.

„Nein", sagte der Meister, „eines Tages sagte Gott: ,Heute werde ich dich in das innerste Heiligtum des Tempels mitnehmen, in das Herz von Gott selbst.'

Und ich wurde in das Land des Lachens geführt."

Ein fröhliches Herz

Christa Spilling-Nöker

Es war einmal ein junger Prinz, der von Kindheit an schwermütig war. Seine Eltern hatten über viele Jahre hin alles unternommen, um ihn fröhlich zu stimmen. Sie hatten ihm stets alle Wünsche erfüllt und ihn verwöhnt, wo sie nur konnten. Er besaß jede Menge bunt bemalter Bauklötzchen zum Spielen, dazu Zinnsoldaten und ein zierlich gearbeitetes Karussel aus Blech. Anfangs hatte der kleine Prinz sichtlich Spaß daran, doch schon bald war der Reiz des Neuen verflogen, und er saß wieder traurig und gelangweilt in der Ecke. Schließlich hatten die Eltern sogar einen Hofnarren kommen lassen, der ihn mit seinen Späßen aufheitern sollte, ein andermal hatten sie einen ganzen Zirkus mobilisiert, um ihn zum Lachen zu bringen. Dann und wann hatte der Prinz bei den Vorführungen einmal gelächelt; doch kaum waren die Veranstaltungen zu Ende, war er ebenso betrübt wie zuvor.

Als seine Eltern sahen, dass sich trotz all ihrer Bemühungen an seinem Zustand nichts änderte, ließen sie die besten Ärzte des Landes kommen und versprachen demjenigen einen Sack voll Goldstücke, dem es gelänge, ihren Sohn heiter zu stimmen. Die Hoffnung, ein solches Vermögen zu verdienen, motivierte die Ärzte natürlich zu den vielfältigsten Heilverfahren, doch nichts von alledem half. Da hörte sein Vater von einem Heiler, der schon, dem Gerücht nach, Tote wieder zum Leben erweckt haben sollte. Der König scheute weder Kosten noch Mühen und schickte seine Bediensteten los, diesen Mann ausfindig zu machen und an den Hof zu holen. „Ich möchte gern mit dem jungen Herrn allein sprechen", bat der Heiler. Der König, der sich nach all seinen vergeblichen Bemühungen, so gut wie auf jeden Vorschlag eingelassen hätte, nickte bereitwillig und wies ihn die Treppe hoch zu den Gemächern des jungen Prinzen.

Dieser döste trotz schönstem Sommerwetter auf seinem Bett teilnahmslos vor sich hin. Der Heiler zog die Vorhänge beiseite, öffnete das Fenster, zog dem jungen Mann abrupt die Decke weg und befahl ihm aufzustehen. Solche Töne war der verwöhnte Prinz nicht gewohnt, und er gehorchte widerwillig. „Da draußen", der Heiler wies aus dem Fenster, „wächst eine Wunderblume. Sattelt Euer Pferd und sucht sie. Allein diese Blume kann Euch von Eurer Krankheit befreien und Euch fröhlich stimmen." „Wozu soll ich mich anstrengen?", fragte der Prinz zurück. „Ich werde einen meiner Diener nach dieser Blume ausschicken, er kann sie mir dann ans Bett bringen, und ich werde sehen, ob Eure Versprechungen etwas taugen." „So einfach geht das nicht", erwiderte der Heiler. „Diese Blume hilft nur demjenigen, der sie mit eigenen Händen ausgräbt." Sprach's, drehte sich auf dem Absatz um und öffnete die Tür, um zu gehen.

Der Prinz war erstaunt, dass der Heiler es wagte, keine anderen Anstrengungen mehr zu unternehmen. „Wartet", rief er, „und erzählt mir mehr von dieser Wunderblume!" „Da gibt es nichts weiter zu erzählen", sagte der Heiler knapp. „Reitet gen Osten. Dort kommt Ihr durch einen großen Wald. Wenn Ihr den hinter Euch gelassen habt, erreicht Ihr einen kleinen Fluss. An dessen Ufer müsst Ihr dann selbst Ausschau nach besagter Pflanze halten. Ihr werdet sie ganz von allein erkennen, das verspreche ich Euch. Lebt wohl!" Mit einer knappen Verbeugung empfahl sich der Arzt kurz darauf dem König und machte sich auf den Heimweg, ohne auch nur einen einzigen Taler als Lohn zu erbitten.

Der Prinz zögerte, ob er sich nach dem Verschwinden des Heilers wieder unter seiner Bettdecke verkriechen sollte.

Aber er spürte, dass er nicht würde schlafen können. Zum Erstaunen seiner Eltern erschien er im Salon und erklärte ihnen, dass er sich auf eine Reise begeben würde. Der Prinz erreichte, so wie es der Arzt vorhergesagt hatte, den Wald. Drei Tage brauchte er, bis er besagtes Flussufer erreichte. Er machte eine Pause, aß etwas von seinem Proviant und legte sich unter einem Baum zum Schlafen nieder. „Du bist auf der Suche nach mir, nicht wahr?" Ich bitte dich, pflücke mich nicht, denn dann verliere ich all meine Kraft. Ich kann dir nur helfen, wenn du mich eigenhändig ausgräbst und in deinen Garten pflanzt." Der Prinz erwachte und sah sich um. Erstaunt sah er nur wenige Meter von seinem Ruheplatz entfernt die herrlichste Blume der Welt. Das Ausgraben der Pflanze erwies sich allerdings als ein mühsamer Akt, zumal der Prinz noch nie in seinem ganzen Leben gearbeitet hatte. Doch schließlich gelang es. Er nahm die kostbare Pflanze unter den Arm und ritt wieder zum elterlichen Schloss zurück. „Nun grabe deinen Garten um und pflanze mich in die Mitte."

Dem Prinzen blieb nichts anderes übrig, als ihrer Aufforderung zu folgen. Schnell bekam er von der ungewohnten Arbeit Blasen an seine zarten Hände. Nach einigen Stunden war er so erschöpft, dass er nur noch mit Mühe sein Zimmer erreichen konnte. Sofort warf er sich auf sein Bett und schlief unvermittelt ein. Aber es war ein anderer Schlaf als der, mit dem er früher auf seiner seidenen Decke gerungen hatte und in dunklen Gedanken versunken war

Kaum hatte der Prinz die Blume in die Mitte des Gartens gepflanzt und angegossen, vernahm er erneut ihre Stimme. „Allein will ich hier nicht wachsen", meinte sie. „Mach dich auf den Weg und lege um mich herum einen Garten an." „Ich muss mich wohl fügen", sagte der Prinz zu sich, „auch wenn mir etwas Ruhe gut tun würde." Er ließ anspannen und fuhr kreuz und quer durch das Land. Hier

Das Lächeln der Seele

fand er Rhododendren und Hortensien, dort Rosen, Lilien und Buchsbaumsträucher. Als er Tage später wieder zu Hause bei der Arbeit war, schien es ihm, als würde ihn die Wunderblume bei seinem Tun beobachten. Da er Angst hatte, sie könne ihre heilende Wirkung verlieren, wenn er sie enttäuschen würde, bemühte er sich den Garten so schön wie möglich anzulegen. Rings um sie herum setzte er in gemäßigtem Abstand vier prächtige Springbrunnen, von denen jeder mit einer farbenfrohen Rabatte aus Begonien, Männertreu und Tagetes umgeben war.

Es entging weder den Eltern noch der gesamten Dienerschaft, dass der Prinz durch die Gestaltung der Gartenanlage immer fröhlicher wurde. Mittlerweile sang er sogar mit den Vögeln um Wette. Schon am Abend freute er sich auf den kommenden Morgen, um sein Werk von Tag zu Tag noch schöner zu gestalten und zu pflegen. Immer wieder hatte er neue Ideen, die den Garten allmählich in einen wundervollen Schlosspark verwandelten.

Inzwischen kamen vornehme Leute von weither gereist, um diese kunstvolle Gartenanlage zu besichtigen und zu bewundern. Unter ihnen befand sich eines Tages auch der Heiler, der dem Prinzen die Wunderblume als Heilmittel ans Herz gelegt hatte. Er schmunzelte nur, als er den einst so blasierten jungen Herrn mit Feuereifer freudig bei der Arbeit sah, und zog zufrieden und unerkannt seines Weges.

Musik – Weisheit ohne Worte

ULI HEUEL

„Ihr werdet Lieder singen in den Nächten, in denen ihr heilige Feste feiert. Ihr werdet fröhlich sein wie die Pilger, die unter Flötenspiel zum Berge des Herrn ziehen, zum starken und mächtigen Gott Israels" (Jesaja 30,29). Im Singen, in der Musik können wunderbare, eigentümliche Kräfte liegen. Ich kann mir den Kummer von der Seele singen; ich kann meiner Freude den angemessenen Ausdruck verleihen; ich kann beim Hören meiner Lieblingsmusik fasziniert sein, entspannen, auftanken; ich kann mich beim Hören eines bestimmten Musikstücks zurückerinnern an die Situation, die damit verbunden war – etwa die erste Liebe –, und in schönen Erinnerungen schwelgen. Nutze ich solche Möglichkeiten?

Wie munteres Vogelzwitschern

Wie munteres Vogelzwitschern am Morgen
    ist deine Liebe, Gott
Wie Kirchenglocken am Sonntag
    ist deine Liebe, Gott
Wie gelöstes Singen bei einem Glas Wein
    ist deine Liebe, Gott
Wie frisches Wasser an einem heißen Tag
    ist deine Liebe, Gott
Wie ein Brief in einsamer Stunde
    ist deine Liebe, Gott
Wie gutes Bauernbrot für leeren Magen
    ist deine Liebe, Gott
Wie eine Rast am Rand des Waldes
    ist deine Liebe, Gott
Wie ein Spaziergang in den ersten Frühlingstagen
    ist deine Liebe, Gott
Wie eine zarte Hand nach schwerer Arbeit
    ist deine Liebe, Gott
Wie ein fesselnder Roman am Wochenende
    ist deine Liebe, Gott
Wie Musik von Mozart
    ist deine Liebe, Gott
Wie eine Alpenwiese
an einem späten Sommernachmittag
    ist deine Liebe, Gott

Anton Rotzetter

Die kleinen täglichen Wunder

PHIL BOSMANS

Schau einmal die Wolken an, wie sie ziehen: flüchtige Gebilde, in denen deine Fantasie geheimnisvolle Ungetüme erblickt.

Schau auf das Kind, wie es malt. Seine Fantasie zaubert mit farbigen Stiften auf ein kleines Stück Papier die ganze Welt.

Schau auf den alten Mann, der eine Katze streichelt, auf die beiden Verliebten an der Bushaltestelle, auf das Baby, das im Kinderwagen schläft.

Und du wirst entdecken, dass in all diesen Dingen mehr liegt, als man oberflächlich sieht, eine Erinnerung an das Paradies.

In jedem Tag stecken Wunder, man kann sie gar nicht alle aufzählen. Freude an den kleinen täglichen Wundern: Das ist der Schlüssel, um jeden Tag ein bisschen glücklich zu sein.

Das Lächeln der Seele

Glück gibt es nicht in der Mehrzahl

Karl Kardinal Lehmann

Man kann nicht glücklich werden, indem man unmittelbare
Ansprüche auf Glück stellt. Die großen Denker haben hier
auf eine besonders wichtige Eigenart des Glücklichseins aufmerksam gemacht. Man kann, wie wir aus unserer eigenen
Erfahrung wissen, Freude, Glück und Seligkeit nicht direkt
ansteuern. Bestenfalls sind dann „gute Stimmung" und vielleicht auch Ausgelassenheit das Ergebnis. Freude und Glück
stellen sich auf dem Rücken von Handlungen ein, die auf
ganz andere Inhalte zielen. Glück und Freude erscheinen in-
direkt, wenn uns das Gute glückt …

Wir haben verschiedene Glückserfahrungen. Einer ist
glücklich bei einigen ruhigen Stunden der Muße und des
Nachdenkens; glücklich kann man sein bei einem Mahl unter Freunden; glücklich kann man auch beim Eintreten eines
Erfolgs sein, um den man lange gekämpft hat; eine wertvolle
Einsicht kann uns glücklich machen; das Einvernehmen in
der Liebe kann Glück schenken; unerzwungene Hilfeleis-
tung für einen bedürftigen Menschen kann Glück schenken.

Wir erfahren vor allem in solchen Gestalten unseres Lebens das Glücklichsein. Unsere Sprache gibt uns jedoch
einen wichtigen Hinweis zum Weiterdenken: „Glück" gibt
es nicht in der Mehrzahl, also „Glücke". Wohl gibt es einzelne Glücksfälle, die aber eher auf das Glückhaben verweisen.
Irgendwie ist das menschliche Glück unteilbar. Alle einzelnen Glücksinhalte und Glücksmomente sind in dem vollen
Sinn des Wortes und der Sehnsucht „Glück" zusammenge-
fügt.

Jede einzelne Glückserfahrung, wie wir sie eben genannt haben, ist immer nur so etwas wie eine Abschlagszah-

lung. Sie deckt, für sich genommen, noch nicht den vollen Inhalt von „Glück".

Damit ist auch der Punkt erreicht, wo Glücklichsein und Sinnerfahrung zusammengehören. Das Glücklichsein – auch wenn es sich in kleinen Schritten und unscheinbaren Gestalten ereignet – offenbart, dass Sinn nicht erst in unerreichbarer Ferne liegt, sei es ein von dieser Erde völlig getrenntes Jenseits oder die Menschheitszukunft …

Glücksverlangen und Suche nach Sinn treffen sich auch darin, dass beide zunächst unbestimmte Begriffe sind, die der Einzelne in dieser oder jener Form mit Inhalt füllen muss. Jede gehaltliche Füllung dieser Begriffe schließt aber zugleich eine Vorentscheidung über die Grundrichtung des eigenen Lebens ein. Auch darum ist der Mensch nicht nur ein Spiel des Zufalls.

~

Wer den Geist seiner Mitmenschen erfreut, an dem hat auch Gottes Geist seine Freude. Wer den Geist seiner Mitmenschen nicht erfreut, an dem hat auch Gottes Geist keine Freude.

Jüdische Weisheit

Das Lächeln der Seele

Im Heute Gottes leben

Glücklich, wer auf die Einfachheit zugeht,
im Herzen wie im Leben.
Ein Mensch mit einfachem Herzen
sucht im gegenwärtigen Augenblick zu leben,
jeden Tag als ein Heute Gottes zu empfangen.
Zeigt sich der Geist der Einfachheit
nicht in der ungetrübten Freude
und auch in der Fröhlichkeit?

Frère Roger, Taizé

7

Bei uns alle Tage

Lebensweisheit aus dem Glauben

Worauf Verlass ist

Die Weisheit des Glaubens ist:
Nichts kann uns scheiden
von der Liebe Gottes –
weder Tod noch Leben,
weder Gegenwart noch Zukunft,
weder Kräfte aus der Höhe oder aus der Tiefe
noch irgendeine andere Kreatur.
Alles vermag zu überwinden,
wer sich geliebt weiß.

> *Weisheit der Bibel*
> Nach Römer 8,37–38

Weisheit, nicht Wissen

PHIL BOSMANS

Es geht nicht um vieles Wissen. Es geht um Einsicht. Nicht um die Einsicht, die man durch vieles Studieren bekommt, sondern um jene Einsicht, die langsam wächst, wenn wir uns, hingerissen vom Wunder des Lebens, in Vertrauen, Einfachheit und Liebe unbekannten Kräften überlassen. Es geht um eine tiefe Erfahrung, die dem Verstand nicht entgegensteht, sondern über das verstandesmäßige Denken hinausgeht. Um die Erfahrung einer intensiven Liebe, die aus der Schöpfung auf uns zukommt. Um die Erfahrung, sich geliebt zu wissen von einem Wesen, das sich uns langsam und immer mehr zu erkennen gibt in dem Maße, als wir uns selbst loslassen und in Liebe hingeben.

Die Lebensweisheit Jesu

MARGOT KÄSSMANN

Menschen haben stets geträumt und aus ihren Träumen die Kraft und den Mut zu Veränderungen geschöpft. Sie haben sich von ihren Träumen leiten lassen und in ihnen Gottes Wegweisung erkannt. Die meisten kennen den größten Träumer der Bibel, Josef. Dass er eigenen und fremden Träumen nachging, hat ein ganzes Volk vor der Hungerkatastrophe bewahrt. Da ist Jakob mit seinem Traum von der Himmelsleiter, in dem Gott ihm Zuversicht gibt über den weiteren Weg. Oder denken wir an die drei Weisen, denen Gott im Traum zeigte, dass sie nicht bei Herodes vorbeischauen auf dem Rückweg von Betlehem. In der biblischen Überlieferung sind Träume Wegweisungen. Spätestens seit Sigmund Freud hat uns die Psychologie einen naiven Zugang zu unseren Träumen der Nacht verbaut – dennoch stehen Träume noch heute für Zukunftsentwürfe, auch wenn unsere so aufgeklärte Zeit ihnen skeptisch gegenübersteht.

Ist Jesus ein Träumer? „Als er aber das Volk sah, ging er auf einen Berg und setzte sich; und seine Jünger traten zu ihm. Und er tat seinen Mund auf, lehrte sie und sprach: Selig sind, die da geistlich arm sind; denn ihrer ist das Himmelreich" (Matthäus 5,1–3). Du liebe Zeit, selig die „geistlich Armen"! Wo kommen wir da hin? Es müssen doch die Besten, die Klugen, die Leistungsträger sein, die unsere Welt gestalten – und wohl auch das Himmelreich. Wen meint Jesus mit den geistlich Armen? Lukas spricht in der gleichen Stelle einfach von den Armen: „Selig seid ihr Armen" (Lukas 6,20). Gemeint ist wohl dasselbe. Es geht um Menschen, die aufgrund ihrer Lebenssituation alles von Gott erwarten müssen. Sie sind ganz und gar auf Gott angewiesen. Und weil sie Gott die Treue halten, werden sie verspottet. Es sind, wie *Julius Schniewind* sagt, „die Stillen im Land". Es ist dieses Armsein, das *Martin Luther* meint, wenn er sagt: „Wir sind Bettler, das ist wahr." Nicht wegen einer Gabe – wegen eines Mangels werden Menschen selig gepriesen! Die Verachteten, die am Rande. Das ist ein eklatanter Widerspruch zu den Kriterien unserer Leistungsgesellschaft.

Wenn neuere Übersetzungen das „selig" mit „glücklich" übersetzen, wird das noch offensichtlicher. Unsere Gesellschaft lebt nach dem Dogma: Geld und Erfolg machen glücklich. Jesus dagegen spricht denen Glück zu, die sich nur noch auf Gott verlassen. Diese Seligkeit meint aber noch etwas anderes als ein entleerter Glücksbegriff. Selig weist auf eine Balance, auf Lebensfülle und Gottesnähe.

Die Seligpreisungen Jesu – was für ein Traum! Das kann einen zu Tränen rühren in dieser so verwirrten, ja aussichtsarmen Zeit. Wir wissen, alle Tränen wird erst Gott abwischen, wenn Leid und Tod und Geschrei nicht mehr sein werden. Aber diese Fähigkeit zum Blick über das Jetzt und Hier hinaus kann beflügeln, das jetzt und hier Mögliche zu tun. Jesus malt Bilder gegen die Wirklichkeit. Es kann auch ganz anders sein, sagt er. Wir können unseren Träumen nachspüren, uns finden, Wirklichkeit verarbeiten, Wege in die Zukunft erkennen. Wir dürfen uns inspirieren lassen davon, dass Jesus ein Miteinander der Menschen gezeichnet hat jenseits der Machtkämpfe, Intrigen und Leistungsansprüche, jenseits des Gegensatzes von Arm und Reich, von bedeutend und unbedeutend. Die Welt könnte gelingen. Unsere real erlebten Erfahrungen von Unrecht und Leid dürfen uns nicht entmutigen, von den unbändigen Hoffnungen zu sprechen, die der christliche Glaube gibt. Die Seligpreisungen Jesu sind der Traum des Auferstandenen, nicht eines Toten! Wir können etwas ausstrahlen von der Lebenslust, die wir haben, weil Gott es ist, der uns Lebensrecht und Würde zuspricht.

Drei Lebensfragen

Franz Kamphaus

Jesus ist versucht worden, nicht scheinbar, sondern tatsächlich, nicht am Rande, sondern in der Mitte seiner Existenz … Die Versuchung entzündet sich an drei entscheidenden Lebensfragen.

Die erste Frage: *Wovon leben wir?* Das ist keine Allerweltsfrage. Sie stellt sich sehr konkret jedem Einzelnen von uns. Viele Menschen heute sind davon bewegt, werden krank an dieser Frage: Wovon lebe ich eigentlich? Worum dreht sich mein Leben?

„Befiehl diesem Stein, zu Brot zu werden", rät der Teufel. Die Versuchung ist groß, sich selbst das Brot des Lebens zu machen. Wenn das, was wir uns selbst verdienen und verschaffen, unser Ein und Alles ist, dann haben wir den Götzen leibhaftig vor uns: ein Machwerk unserer Hände. Es hat viele Namen: Der Besitz kann zum Götzen werden, die gesicherte Position, die Leistung, die Wohnung, das Geld … Es genügt nicht, sich mit Selbstgemachtem voll zu stopfen. Es geht darum, Erfüllung zu finden. Es ist eine teuflische Versuchung, den Menschen mit eigenhändigen Produkten abspeisen zu wollen. Der Mensch „lebt nicht von Brot allein". Sehen wir nicht, wie er am „Brot allein" zugrunde geht? Er ist zu groß, als dass er an sich selbst oder an den Dingen der Welt genug finden könnte. In alldem ist etwas zu wenig. Gott allein genügt!

Die zweite Frage: *Vor wem gehen wir in die Knie?* Der Teufel führt Jesus auf einen Berg, zeigt ihm „alle Reiche der Erde", und er sagt zu ihm: „All diese Macht und die ganze Herrlichkeit dieser Reiche will ich dir geben … wenn du mich anbetest" (Lukas 4,5–7). Vor wem gehen wir in die Knie? Vor welchen Autoritäten und Instanzen beugen wir uns? Vor den Herren und Herrschaften der Welt mit ihren Verlockungen oder vor Gott? Die Frage spitzt sich heute zu. Schon vor mehr als vierzig Jahren schrieb *Teilhard de Chardin:* „Der Tag ist nicht mehr weit, an dem die Menschheit wählen kann zwischen Selbstmord und Anbetung." Dieser Tag ist gekommen. Die Weltmächte rüsten angstbesessen um die Wette. Sind wir dazu verurteilt, uns diesem Bann bedingungslos zu beugen? Die Versuchung ist groß, vor der Rüstung in die Knie zu gehen und von ihr das Heil zu erwarten. Sie kann sich zu einem Götzen verselbständigen, der Sicherheit zu garantieren scheint und in Wahrheit den Tod in sich birgt. Sie hat uns an den Rand des Selbstmordes gebracht. Unsere Generation erfährt, was nie zuvor möglich war: Die Menschheit ist durch Menschen vernichtbar geworden. Wie ist dieser Bann der Angst zu sprengen? Wie anders als durch den Glauben, dass Gott allein Herr ist und die Herrschaft von Menschen über Menschen beendet. „Du sollst den Herrn, deinen Gott, anbeten und ihm allein dienen!" (Lukas 4,8). Das ist wie eine Befreiung, wie eine Erlösung.

Die dritte Frage: *Können wir uns auf Gott verlassen?* „Stürz dich hinab oben vom Tempel", will der Teufel Jesus einreden. „Du musst dich doch auf den Schutz der Engel verlassen können. Wie willst du es wagen, im Namen Gottes zu sprechen und dein Leben einzusetzen, wenn du keinen handfesten Beweis hast, dass Gott sich trägt? Mach doch die Probe aufs Exempel."

Jesus lehnt ab. Gott lässt sich nicht als Beweismittel missbrauchen. Man kann mit ihm nicht experimentieren, man kann sich nicht absichern wollen. Solch garantierter Glaube wäre in Wirklichkeit Unglaube. Wer es mit Gott nur mal versuchen will, der versucht ihn.

Es ist wie bei Menschen, die sich lieben. Da sagt der eine zum anderen: Ich möchte ganz dein Eigen sein. Immer will ich mich für dich einsetzen, immer will ich zuerst fragen: Was ist gut für dich? – Das alles wird von Grund auf verkehrt, wenn der andere mich einfach als sein Eigentum betrachtet; wenn er das freie Versprechen, ihm zu gehören, in ein Verfügungsrecht verkehrt. Dann belügt er sich selbst, indem er meine Liebe, die ich ihm nur in Freiheit schenken kann, wie eine platte Gegebenheit verrechnet.

Genau das hat der Teufel im Sinn. Er gibt sich ganz fromm, er führt Gottes Wort im Mund. Man kann das, was Gott den Menschen sein und sagen möchte, auf diabolische Weise verdrehen, unter vollständiger Beibehaltung des Wortlauts. Das ist die satanische Versuchung der Frommen: Die Spannung von Vertrauen und Dankbarkeit, von Liebe und Freiheit wird aufgelöst, der Glaube zu einem Faktor eigener Kalkulation verkehrt, aus dem man Besitzansprüche herleitet. Und ehe wir uns versehen, haben wir es nicht mehr mit Gott zu tun, sondern mit Götzen, und das mitten in der Kirche.

Was habe ich von Gott? Wofür ist er gut? Nützt er mir? In solchen Fragen geht es uns nicht um Gott, sondern um uns selbst. Solange wir so fragen, glauben wir eigentlich nicht. Glaube beginnt dort, wo wir von uns absehen und nach Gott fragen; wo wir nicht nur nach ihm fragen, sondern uns von ihm fragen lassen: Wovon lebst du? Vor wem gehst du in die Knie? Willst du dich mir überlassen?

Die wahre Weisheit

Die wahre Weisheit ist in Gott,
kommt von Gott,
führt zu Gott,
ruht in Gott.

Johann Michael Sailer

~

Nicht das Vielwissen sättigt und befriedigt die Seele, sondern das Verspüren und Verkosten der Dinge von innen her.

Ignatius von Loyola

~

Weisheit ist kein Bahnhof, an dem man ankommt,
sondern eine Art zu reisen.
Reist man zu schnell, übersieht man die Landschaft.
Genau zu wissen, wohin man will,
kann der beste Weg sein, sich zu verirren.
Nicht alle, die bummeln, verlaufen sich.

Anthony de Mello

Der Tanz der Weisheit

Die Weisheit spricht: Mich hat der Herr geschaffen als Erstling seines Waltens, als Anfang seiner Werke. Von Ewigkeit her wurde ich gebildet, von Anbeginn, vor dem Ursprung der Erde. Ich war dabei, als er den Himmel erstellte, das Gewölbe abmaß über der Urflut, als er oben die Wolken befestigte, die Kraft der Quellen bestimmte, als er dem Meer seine Grenze setzt, dass die Wasser nicht seinen Befehl übertreten, als er die Grundfesten der Erde legte, da war ich sein Liebling, an seiner Seite, war Tag für Tag seine Freude, und tanzte vor ihm allezeit, tanzte auf dem weiten Rund seiner Erde, und hatte meine Freude mit den Menschenkindern.

Aus dem Buch der Sprichwörter

~

Gott „tanzt" seine Schöpfung. Er ist der Tänzer, die Schöpfung der Tanz. Der Tanz ist etwas anderes als der Tänzer, und doch gäbe es keinen Tanz ohne Ihn. Auf seiner Suche nach Gott denkt der Mensch zu viel, redet zu viel. Selbst wenn er diesen Tanz betrachtet, den wir Schöpfung nennen, grübelt er die ganze Zeit, spricht, überlegt, analysiert und philosophiert: Worte, Lärm. Sei still und sieh dem Tanz zu. Nur hinschauen: ein Stern, eine Blume, ein welkendes Blatt, ein Vogel, ein Stein. Jeder Teil des Tanzes ist geeignet. Schauen, lauschen, riechen, berühren, schmecken. Und sicher wird es nicht lange dauern, bis du Ihn siehst, den Tänzer selbst!

Anthony de Mello

Frau Weisheit

PAUL DESELAERS

„Frau Weisheit" ist Gottes bestes und vornehmstes Geschöpf, das sich allen schenkt, wenn sie es nur wollen. Sie ist geradezu Gottes Hofdame, die die Einladung zum großen Empfang Gottes ausspricht und das Fest mit größtem Charme arrangiert. Sie verspricht jedem und jeder, was sie selbst ist: Lebenskunst und Lebensweisheit. Weil sie ganz bei Gott und ganz beim Menschen ist, kann sie das Tiefenwissen für Gottes Leben stiftende Gegenwart und treue Verbundenheit schenken, kann sie auf den Geschmack des Lebens kommen lassen. Frau Weisheit schenkt sich selbst.

Weisheit ist demnach nicht Cleverness oder intellektuelle Klugheit, sie gibt auch keine Patentrezepte. Sie ist vielmehr eine Grundeinstellung derer, die sich nicht zufrieden gegeben haben mit all dem, was üblicherweise geboten und gefordert wird. Weisheit wächst vielmehr aus Liebe, Leid und Gebet – Gebet, das in allem die Hoffnung über uns hinaus sucht: den lebendigen Gott. Mit der Weisheit finden all die, die der Stimme der Sehnsucht folgen, Lebensmitte und Erfüllungshoffnung in Gott, und von daher können sie ihre menschlichen Möglichkeiten zur Entfaltung bringen, können weise leben, weil sie dem wahren Leben auf den Geschmack gekommen sind.

Spirituelle Lebensweisheit

PETER DYCKHOFF

Es gibt Menschen, die zwar die Sehnsucht nach einem gott-
erfüllten Leben haben, den ersten Schritt in diese Richtung
jedoch niemals tun. Manch andere wiederum, die ihren Weg
gefunden haben, verlassen ihn bald wieder, da die Liebe und
der Eifer des Anfangs nachlassen und ihre Erwartungen
nicht schnell genug eintreffen. Sie bleiben oft ihr ganzes Leben lang Suchende. Die Routine, die Mittelmäßigkeit und
der Zwang des Alltags halten viele Menschen davon ab, sich
tieferen Lebensfragen zu stellen und neben ihrem Engage-
ment in der Welt auch ein geistlich-religiöses Leben zu
führen.

Möge bei dir die Sehnsucht nach Gotteserfahrung nicht
einschlafen oder durch Vordergründiges überschattet werden. Mögest du Menschen oder Schriften finden, die dich
bestätigen und dich auf deinem geistlichen Weg unterstüt-
zen, ermahnen und weiterführen. …

Einige Hinweise für den Tag möchten dir helfen, ihn
leichter, besser und heiterer zu bestehen.
* Die Zeit deines persönlichen Gebetes am Morgen und
  am Abend sollte mindestens fünfzehn bis zwanzig Minuten betragen. Wähle eine Lebensform, die dich in tiefe Ruhe und in ein Schweigen vor Gott führt.
* Sorgfältig ausgewählte Atem- und Leibesübungen för-
  dern die Tiefe und die Wirksamkeit deines Betens. Du
  kannst sie vor und nach deinem Gebet anwenden. Sie
  lösen Spannungen, verhelfen dir zu einer besseren Gesundheit und machen den Weg frei für intensivere
  Glaubenserfahrungen.
* Sei an Wochentagen niemals ganz ohne Arbeit.

- Überdenke dein Konsumverhalten und suche nicht nach immer größer werdenden Befriedigungen.
- Warte in allem den rechten Zeitpunkt ab und dränge dich den anderen nicht auf.
- Passe deine Ernährung und deine Sexualität deiner spirituellen Entwicklung an.
- Gib deinem Körper das, was er braucht, und vernachlässige ihn nicht.
- Setze in der Erfüllung deiner Aufgaben Prioritäten. Wisse aber, dass du nicht alles leisten kannst.
- Versuche Probleme aktiv anzugehen, dich Konflikten zu stellen und neue Spannungen zu vermeiden.
- Lote immer wieder deine Standfestigkeit und deine Mitte aus und finde Wege, sie zu bewahren.
- Suche das Licht und halte dich nicht allzu lange in der Dunkelheit auf.
- Sorge für einen erholsamen Schlaf, teile deine kostbare Zeit richtig ein und lebe einen gesunden Wechsel von Ruhe und Aktivität.
- Finde Möglichkeiten, Aggressionen, Ärger, Enttäuschungen oder sonstige aufgestaute negative Erfahrungen kreativ freizusetzen. Achte darauf, dass niemand unter dir zu leiden hat.
- Entwickle oder bewahre ein gesundes Selbstbewusstsein und gleichzeitig eine angemessene Bescheidenheit.
- Schleichen sich dunkle Gedanken ein und nehmen sie überhand, wende dich sofort dem inneren Gebet zu und wiederhole – ohne die Zunge und die Lippen zu bewegen – oftmals den Namen *Jesus Christus* oder eine Bitte um sein Erbarmen.

Weisheit des Zusammenlebens

Joachim Wanke

Gesetze und Paragrafen haben ihr relatives Recht und ihre Notwendigkeit. Die Bergpredigt Jesu weist uns freilich einen Weg, wie über Gesetze und Paragrafen hinaus die Würde des Menschen gesichert werden kann: durch die *Anerkennung des Rechtes Gottes* an seinen Geschöpfen. Doch ich verbessere mich gleich: durch die *Anerkennung der Liebe Gottes* zu seinen Geschöpfen, vornehmlich des Menschen, der das Angesicht Jesu Christi trägt. Darum ist jeder Mensch heilig und in seiner Würde unverletzlich – nicht, weil Gerichte das dekretieren, sondern weil Gott selbst, der Schöpfer und Erhalter unseres Lebens, sich des Menschen voll Liebe erbarmt.

Wenn ein Mensch etwas kaputt macht und zerstört, ist das schlimm und verwerflich. Wenn er aber etwas kaputt macht und zerstört, was ich liebe und was für mich einen hohen Wert bedeutet, wenn etwa ein mir nahe stehender Mensch ermordet wird, einer, an dem mein Herz, ja mein eigenes Leben hängt, da ist das für mich doppelt und dreifach schlimm und verwerflich!

So steht nach Jesus Gott im Verhältnis zu jedem Menschen und seiner Würde. In den Seligpreisungen (Matthäus 5,1–12) setzt Jesus jene, die arm, schwach und traurig, die voll innerer und äußerer Sehnsucht nach Gerechtigkeit und Friede sind, in Beziehung zu Gott: Sie sind Söhne und Töchter Gottes – und darum werden sie selig gepriesen.

Die Würde des Menschen fängt dort zu leuchten an, wo ein Mensch geliebt wird. Weil wir von Gott geliebt sind, von ihm angenommen, geheiligt und als Sünder gerechtfertigt sind – darum haben wir eine Würde, die uns niemand nehmen kann, selbst nicht die Sozialhilfe oder ein armseliges

Sterben zwischen Apparaten auf einer Intensivstation. Deshalb hat der Satz Jesu: „Was ihr den Kleinen und Geringen getan habt, das habt ihr mir getan!" (Matthäus 25,40), mehr Nächstenliebe in der Geschichte frei gesetzt als alle philosophischen Reflexionen – von Sokrates angefangen bis hin zu Kants kategorischem Imperativ.

„Die Würde des Menschen ist unantastbar." Ich respektiere, dass jemand, der nicht Christ ist, auf seine Weise den ersten Satz des Grundgesetzes für sich zu begründen sucht – auf philosophische Weise oder einfach mit Hilfe der Goldenen Regel: „Was du nicht willst, was man dir tut, das füg auch keinem andern zu!" Zwar stammt auch diese Regel aus der Bibel (Matthäus 7,12), aber sie wird doch von vielen nichtchristlichen, auch nichtreligiösen Zeitgenossen als tragfähiges Fundament menschlichen Zusammenlebens angesehen. Für mich gilt: Jeder Mitbürger, der die Würde seines Mitmenschen achtet, auch aufgrund seiner nichtchristlichen Überzeugung, ist mir willkommen und wird von mir geachtet. Aber ich wünschte mir, dass möglichst viele Menschen zu dieser Überzeugung nicht nur deshalb stehen, weil sonst unter uns das Chaos ausbrechen würde, sondern aus der Überzeugung, dass in jedem Menschenangesicht sich Gott selbst uns zu erkennen gibt.

Quellenverzeichnis

Adalbert Ludwig Balling, Das kleine Sonntagsbuch. 52 Wünsche für ein gutes Jahr. Verlag Herder Freiburg im Breisgau 2006.

Benedikt XVI., Gott ist die Liebe. Die Enzyklika „Deus caritas est". Vollständige Ausgabe. Ökumenisch kommentiert von Bischof Wolfgang Huber, Metropolit Augoustinos Labardakis, Karl Kardinal Lehmann. Verlag Herder Freiburg im Breisgau 2006.

Franz-Josef Bode, 7 × 7 Glaubens-Impulse. Verlag Herder Freiburg im Breisgau / Verlag Haus Altenberg Düsseldorf 2005.

Dietrich Bonhoeffer, Widerstand und Ergebung. © by Gütersloher Verlagshaus, Gütersloh, in der Verlagsgruppe Random House GmbH, München.

Phil Bosmans, In dir liegt das Glück. Verlag Herder Freiburg im Breisgau, Neuausgabe 2004.

Phil Bosmans, Gott – meine Oase. Vom Grund aller Lebensfreude. Aus dem Niederländischen übersetzt und mit einem Nachwort von Ulrich Schütz. Verlag Herder Freiburg im Breisgau 2006.

Phil Bosmans, Mit allen guten Wünschen. Hg. von Ulrich Schütz, Neuausgabe 2. Aufl. 2005.

Phil Bosmans / Ulrich Schütz, Jedes Herz hat ein Zuhause. Mit Fotografien von Roland Höpker. Verlag Herder Freiburg im Breisgau 2006.

Piet van Breemen, Was Liebe ist. Exerzitien für den Alltag. Verlag Herder Freiburg im Breisgau, Neuausgabe 2005.

Paul Deselaers, Lebensweisheit aus der Bibel. Biblische Frauen und Männer – Inspiration für heute. Verlag Herder Freiburg im Breisgau 2002.

Peter Dyckhoff, Auf dem Weg in die Nachfolge Christi. Geistlich leben nach Thomas von Kempen. Verlag Herder Freiburg im Breisgau 3. Aufl. 2005.

Joseph Freiherr von Eichendorff, Worte wie ein Lied. Herausgegeben und eingeleitet von Maria Otto. Verlag Herder Freiburg im Breisgau 1988.

Frère Roger, Taizé, Einfach vertrauen. Gedanken und Begegnungen. Ausgewählt von Marcello Fidanzio. Verlag Herder Freiburg im Breisgau 2005.

Frère Roger, Taizé, Leben voll Vertrauen. Verlag Herder Freiburg im Breisgau 206.

Quellenverzeichnis

Erich Fried, Es ist was es ist. Liebesgedichte, Angstgedichte, Zorngedichte. © Verlag Klaus Wagenbach Berlin 1983, NA 1996.

Khalil Gibran, Der Prophet. Neu übertragen von Ulrich Schaffer. Verlag Herder Freiburg im Breisgau 2006.

Gisbert Greshake, Warum lässt uns Gottes Liebe leiden? Verlag Herder Freiburg im Breisgau 2007.

[Jacob und Wilhelm Grimm,] Kinder- und Hausmärchen gesammelt durch die Brüder Grimm. Vollständige Ausgabe in einem Band. (Ausgabe Manesse Verlag) Zürich 2002.

Anselm Grün, Buch der Lebenskunst. Hg. von Anton Lichtenauer. Verlag Herder Freiburg im Breisgau 11. Aufl. 2005.

Anselm Grün, Ein ganzer Mensch sein. Die Kraft eines reifen Glaubens. Verlag Herder Freiburg im Breisgau 2005.

Anselm Grün / Andrea Schwarz, Und alles lassen, weil Er mich nicht lässt. Berufen, das Evangelium zu leben. Verlag Herder Freiburg im Breisgau, vollständig überarbeitete Neuausgabe 2006.

Rainer Haak, Alles wird anders. Ich auch. Ein spiritueller Kompass in Zeiten der Veränderung. Verlag Herder Freiburg im Breisgau 2005.

Christian Heidrich, Auf der Suche nach der Glut. Essays zum Evangelium. Verlag Herder Freiburg im Breisgau 2006.

Hermann Hesse, Sämtliche Werke, Band 10: Die Gedichte. © Suhrkamp Verlag Frankfurt am Main 2002.

Uli Heuel, Mut für jeden Tag. 365 biblische Meditationen. Verlag Herder Freiburg im Breisgau 2006.

Ludger Hohn-Morisch (Hg.), Für jeden Tag ein Stück vom Glück. Ein Jahresbegleiter. Verlag Herder Freiburg im Breisgau 2004.

Wolfgang Huber / Margot Käßmann / Manfred Kock im Gespräch mit Wilfried Köpke, Wenn eure Kinder morgen fragen. Zur Zukunft der evangelischen Kirche. Verlag Herder Freiburg im Breisgau 2005.

Margot Käßmann / Joachim Wanke (Hg.), Bei uns alle Tage. Das Matthäusevangelium als Jahresbegleiter. Mit Aquarellen von Andreas Felger und Auslegungen von Bruder Franziskus Joest. Verlag Herder Freiburg im Breisgau 2004.

Margot Käßmann / Joachim Wanke (Hg.), Erfüllt ist die Zeit. Das Markusevangelium als Jahresbegleiter. Mit Aquarellen von Andreas Felger und Auslegungen von Bruder Franziskus Joest. Verlag Herder Freiburg im Breisgau 2005.

Franz Kamphaus / Andreas Felger, Hinter Jesus her. Aquarelle und Meditationen. Verlag Herder Freiburg im Breisgau / Präsenz Verlag Gnadenthal 2007.

Gundula Kühneweg (Hg.), Worte zur guten Nacht. Verlag Herder Freiburg im Breisgau 2007.

Anthony de Mello, 365 Geschichten, die gut tun. Weisheit für jeden Tag. Herausgegeben von Jorg Lix. Verlag Herder Freiburg im Breisgau, Neuausgabe 2006.

Antje S. Naegeli, Du hast mein Dunkel geteilt. Gebete an unerträglichen Tagen. Verlag Herder Freiburg im Breisgau, Neuausgabe 5. Aufl. 2006.

Henri Nouwen / Vincent van Gogh, Feuer in meinem Herzen. Die Kraft der Mitmenschlichkeit. Herausgegeben von Franz Johna. Verlag Herder Freiburg im Breisgau 2006.

Rainer Maria Rilke, Augenblicke der Sehnsucht. Ausgewählt und herausgegeben von Ludger Hohn-Morisch. Verlag Herder Freiburg im Breisgau 2003.

Anton Rotzetter, Du Atem meines Lebens. Ausgewählte Gebete. Verlag Herder Freiburg im Breisgau 2005.

Andrea Schwarz, Ich mag Gänseblümchen. Unaufdringliche Gedanken. Verlag Herder Freiburg im Breisgau, Jubiläumsausgabe 25. Aufl. 2005.

Andrea Schwarz, Bunter Faden Zärtlichkeit. Verlag Herder Freiburg im Breisgau, Neuausgabe 2006.

Andrea Schwarz, Bleib dem Leben auf der Spur. Geschichten von unterwegs. Verlag Herder Freiburg im Breisgau 2005.

Christa Spilling-Nöker, Folge deinem eigenen Weg. 10 Sinngeschichen. Verlag Herder Freiburg im Breisgau 2003.

Christa Spilling-Nöker, Freu dich des Lebens und genieße den Tag. 10 Sinngeschichten. Verlag Herder Freiburg im Breisgau 2003.

Pierre Stutz, Unter dem Stern der Hoffnung. Verlag Herder Freiburg im Breisgau 2002.

Pierre Stutz, Der Stimme des Herzens folgen. Jahreslesebuch. Verlag Herder Freiburg im Breisgau 2005.

Sascha Veitl, Alles wird gut. Vitamine für jeden Tag. Jahreslesebuch. Verlag Herder Freiburg im Breisgau 2002.

Bärbel Wartenberg-Potter, Wes Brot ich ess, des Lied ich sing. Die Bergpredigt lesen. Mit dem Text der „Bibel in gerechter Sprache". Verlag Herder Freiburg im Breisgau 2007.

Textnachweis

S. 15: Dyckhoff, Auf dem Weg in die Nachfolge Christi 25; 29.

S. 19: De Mello, „Tick-Tack", in: ders., 365 Geschichten, die gut tun 13 (7. Januar).

S. 20: Grün, „Ernten und Säen", in: ders., Buch der Lebenskunst 86.

S. 21: Schwarz, „Haben Sie heute schon gelebt", in: dies., Ich mag Gänseblümchen 8–12 (Auszüge).

S. 22: Bode, 7 × 7 Glaubens-Impulse 100–104 (Auszüge).

S. 23: Ibele / Nolte, Mehr Himmel wagen 16.

S. 24: Rahner, Worte gläubiger Erfahrung 52; 55–57.

S. 25: Oosterhuis, Ich steh vor dir 183 (Übersetzung: Hanns Keßler).

S. 26: Käßmann, „Kleines Lob der Ewigkeit", in: Käßmann / Wanke, Erfüllt ist die Zeit 25–28 (Auszüge).

S. 29: Heidrich, Auf der Suche nach der Glut 19–22 (Auszüge).

S. 31: Hesse, Sämtliche Werke, Band 10: Die Gedichte. © Suhrkamp Verlag Frankfurt am Main 2002.

S. 35: Bosmans, In dir liegt das Glück 19.

S. 37: Zit. nach: Eichendorff, Worte wie ein Lied, 24f.

S. 38: De Mello, „Ein Fachmann hält die Luft an"; „Eine tolle Erfindung"; „Schneckenweisheit"; „Wer nicht lesen kann, muss selber denken"; in: ders., 365 Geschichten, die gut tun 81 (28. April); 184 (26. September); 83 (30. April); 81 (27. April).

S. 40: Ibele / Nolte, Mehr Himmel wagen 84.

S. 40: Frère Roger, Taizé, „Einfach, nicht naiv", in: ders., Einfach vertrauen 90.

S. 41: Bosmans / Schütz, Jedes Herz braucht ein Zuhause 96.

S. 42: Brüder Grimm, Kinder- und Hausmärchen (Nr. 78).

S. 43: De Mello, „Überraschung im Nachtclub", in: ders., 365 Geschichten, die gut tun 28 (2. Februar).

S. 44: Huber, in: Huber / Käßmann / Kock, Wenn eure Kinder morgen fragen 51.

S. 45: Gibran, Der Prophet 26.

S. 46: Schwarz, Bunter Faden Zärtlichkeit 106.

S. 47: Stutz, Unter dem Stern der Hoffnung, 6–10; 26 (Auszüge, leicht bearbeitet).

S. 49: Oosterhuis, Ich steh vor dir 102.

S. 53: Grün, Das Buch der Lebenskunst 149.

S. 53: Bosmans, Mit allen guten Wünschen 87.

S. 54: Benedikt XVI., Gott ist die Liebe 10f., 13–15.18 (Auszüge).

S. 55: Gibran, Der Prophet 21.

S. 56: Haak, Alles wird anders. Ich auch 84f.

S. 58: Spilling-Nöker, Folge deinem eigenen Weg 95.

S. 59: van Breemen, Was zählt, ist Liebe 24.

S. 60: Balling, Das kleine Sonntagsbuch 82f.

S. 61: Schwarz, Bleib dem Leben auf der Spur 41–43.

S. 64: Bosmans / Schütz, „Zartes braucht Zärtlichkeit", in: dies., Jedes Herz braucht ein Zuhause 88.

S. 65: Stutz, 50 Rituale für die Seele, zit. nach: ders., Der Stimme des Herzens folgen 211 (10. Juli).

S. 66: De Mello, 365 Geschichten, die gut tun 110 (8. Juni).

S. 67: Erich Fried, „Was es ist", in: ders., Es ist was es ist. Liebesgedichte, Angstgedichte, Zorngedichte. © Verlag Klaus Wagenbach Berlin 1983, NA 1996.

S. 71: De Mello, 365 Geschichten, die gut tun 126 (1. Juli).

S. 72: Nouwen, „Mitleidenschaft", in: Nouwen / van Gogh, Feuer in meinem Herzen 16f.

S. 74: Balling, Das kleine Sonntagsbuch 142f.

S. 75: Veitl, „Ereignisse jähren sich", in: ders., Alles wird gut 370 (5. Dezember).

S. 76: Zit. nach: Grün / Schwarz, Und alles lassen 56f.

S. 78: Bosmans / Schütz, „Nicht nur der Frühling ist schön", in: dies., Jedes Herz braucht ein Zuhause, 82f.

S. 79: Grün, „Wachsen lassen", in: ders., Buch der Lebenskunst 79.

S. 80: De Mello, „Mangos", in: ders., 365 Geschichten, die gut tun 102 (29. Mai).

S. 81: Dietrich Bonhoeffer, Widerstand und Ergebung. © by Gütersloher Verlagshaus, Gütersloh, in der Verlagsgruppe Random House GmbH, München.

S. 82: Ijob 32,7–9

S. 82: De Mello, „Eine alte Himmelsstürmerin", in: ders., 365 Geschichten, die gut tun 225 (18. November).

S. 83: Schwarz, Ich mag Gänseblümchen 69.

S. 87: De Mello, „Glück ist Ansichtssache", in: ders., 365 Geschichten, die gut tun 10 (2. Januar).

S. 88: Käßmann, Gottverlassen?, in: Käßmann / Wanke, Bei uns alle Tage 103.

S. 89: Grün, Ein ganzer Mensch sein 66f.

S. 90: Kamphaus; „Leid und Kreuz", in: Kamphaus / Felger, Hinter Jesus her 98f.

S. 91: Dieffenbach, „… denn es will Abend werden", in: Kühneweg (Hg.), Worte zur guten Nacht, 41.

S. 92: Greshake, Warum lässt uns Gottes Liebe leiden (136).

S. 94: Wartenberg-Potter, „Deine gerechte Welt komme", in: dies., Wes Brot ich ess, des Lied ich sing 122–124.

S. 96: De Mello, „Drei Boote", in: ders., 365 Geschichten, die gut tun 43 (27. Februar).

S. 97: Naegeli, Du hast mein Dunkel geteilt 47.

S. 98: Bosmans / Schütz, Jedes Herz hat ein Zuhause 71.

S. 99: Rilke, „Herbst", aus „Das Buch der Bilder" (1902); zit. nach: ders., Augenblicke der Sehnsucht 90.

S. 103: Balling, Das kleine Sonntagsbuch 18f.

S. 104: Nacherzählt von Sabine Stadtfeld © Verlag Herder Freiburg im Breisgau.

S. 105: De Mello, „Der weite Weg ins göttliche Land", in: ders., 365 Ge-schichten, die gut tun 29 (3. Februar).

S. 106: Spilling-Nöker, „Die Wunderblume", in: dies., Freu dich des Le-bens und genieße den Tag 36–46 (gekürzt).

S. 110: Heuel, Mut für jeden Tag 132 (26. August).

S. 111: Rotzetter, Du Atem meines Lebens 118f.

S. 112: Zit. nach: Hohn-Morisch (Hg.), Für jeden Tag ein Stück vom Glück, 86.

S. 113: Lehmann, Von der besonderen Kunst glücklich zu sein 36–39 (Auszug).

S. 114: Pirke Awot (Sprüche der Väter).

S. 115: Zit. nach: Frère Roger, Taizé, Leben voll Vertrauen 8.

S. 119: Bosmans, Gott – meine Oase 33.

S. 120: Käßmann, „Den Träumen nachspüren", in: Käßmann/Wanke, Bei uns alle Tage 76–79 (Auszüge).

S. 122: Kamphaus, „Der Hoffnungsträger", in: Kamphaus / Felger, Hinter Jesus her 24–27.

S. 125: De Mello, „Weisheit ist kein Bahnhof", in: ders., 365 Geschichten, die gut tun 163 (25. August).

S. 126: Spr 8,22–23.27–31.

S. 126: De Mello, „Vom Tanz zum Tänzer", in: ders., 365 Geschichten, die gut tun 104 (31. Mai).

S. 127: Deselaers, Lebensweisheit aus der Bibel 197f.

S. 128: Dyckhoff, Auf dem Weg in die Nachfolge Christi 55; 57–59 (Aus-züge).

S. 130: Joachim Wanke, „Die Seele des Rechts", in: Käßmann/Wanke, Bei uns alle Tage 74f.

Verzeichnis der Autorinnen und Autoren

ADALBERT LUDWIG BALLING, geb. 1933; Mariannhiller Missionar, Redakteur und Journalist; Autor vieler erfolgreicher Bücher.

BENEDIKT XVI. (Joseph Ratzinger), geb. 1927; 1977–1981 Erzbischof von München und Freising; 1981–2005 Präfekt der Glaubenskongregation; 19. April 2005: zum Papst gewählt.

FRANZ-JOSEF BODE, Dr. theol., seit 1995 Bischof von Osnabrück; in der Deutschen Bischofskonferenz federführend zuständig für Jugendpastoral.

DIETRICH BONHOEFFER, 1906–1945; ev. Pfarrer und Theologe; Widerstandskämpfer gegen das Hitler-Regime und Martyrer.

PHIL BOSMANS, geb. 1922; kath. Priester und Ordensmann, Begründer des „Bundes ohne Namen". Zahlreiche Veröffentlichungen.

GEORG CHRISTIAN DIEFFENBACH, 1822–1901; ev. Pfarrer und Dichter.

PAUL DESELAERS, Dr. theol., Spiritual am Bischöflichen Priesterseminar in Münster, Gemeindepfarrer und Lehrbeauftragter an der Katholisch-Theologischen Fakultät der Uni Münster.

PETER DYCKHOFF, geb. 1937; Dr. theol., Kaufmann, Priester, Psychologe und Theologe. Langjähriger Leiter eines Bildungshauses. Zahlreiche Veröffentlichungen zur christlichen Gebets- und Meditationspraxis.

MARIE VON EBNER-ESCHENBACH, 1830–1916; österreichische Schriftstellerin, bedeutende deutschsprachige Erzählerin des 19. Jahrhunderts.

JOSEPH VON EICHENDORFF, 1788–1857; bedeutender Lyriker und Prosaautor der deutschen Romantik.

ERICH FRIED, 1921–1988; österreichischer Lyriker jüdischer Herkunft.

Frère Roger, Taizé, 1915–2005; ev. Pfarrer und Gründer der ökumenischen Bruderschaft von Taizé.

Khalil Gibran, 1883–1931; christlicher libanesischer Maler, Philosoph und Dichter

Gisbert Greshake, geb.1933; Dr. theol., Lic. phil.; nach langjähriger seelsorglicher Tätigkeit Promotion (Münster) und Habilitation (Tübingen) in Dogmatischer Theologie; Professor (1974 Wien; seit 1985 Freiburg im Breisgau). Autor zahlreicher Veröffentlichungen.

Brüder Grimm: Jakob Ludwig Karl Grimm, 1785–1863; Wilhelm Karl Grimm, 1786–1859; beide Professoren in Kassel, aus politischen Gründen des Landes verwiesen, gestorben in Berlin. Sprachwissenschaftler und Märchensammler.

Anselm Grün, geb. 1945; Dr. theol., Benediktiner und Verwalter Abtei Münsterschwarzach; geistlicher Berater, Begleiter und Autor höchst erfolgreicher Veröffentlichungen.

Rainer Haak, Schriftsteller und Theologe, in zahlreiche Sprachen übersetzter Autor spiritueller Geschenkbücher.

Christian Heidrich, geb. 1960; Dr. theol., Theologe, Seelsorger und Publizist. Bernhard-Welte-Preisträger.

Hermann Hesse, 1877–1962, deutsch-schweizerischer Dichter, Schriftsteller und Maler. Literaturnobelpreisträger (1946).

Wolfgang Huber, geb. 1942; Dr. theol., Professor für Sozialethik und systematische Theologie; seit 1994 Bischof der evangelischen Kirche in Berlin-Brandenburg-schlesische Oberlausitz; seit 2003 Ratsvorsitzender der EKD.

Ignatius von Loyola, 1491–1556; Mystiker und Ordensgründer, Gründergestalt der „Gesellschaft Jesu" (Jesuitenorden).

Franz Kamphaus, geb. 1932; Dr. theol., 1982–2007 Bischof von Limburg.

Margot Kässmann, Dr. theol., Mutter von vier Kindern. Landesbischöfin der evangelisch-lutherischen Kirche Hannovers.

Karl Kardinal Lehmann, geb. 1936; Dr. theol., Dr. phil., seit 1983 Bischof von Mainz, seit 1987 Vorsitzender der Deutschen Bischofskonferenz, 2001 zum Kardinal erhoben.

Anthony de Mello, 1931–1987; Jesuit, geistlicher Begleiter und Autor weit verbreiteter Bücher mit Weisheitsgeschichten und zur Meditationspraxis.

Antje S. Naegeli, Studium der ev. Theologie mit Zusatzausbildung als Psychotherapeutin (Logotherapie), Autorin.

Henri Nouwen, 1932–1996; gab eine Karriere als Hochschulprofessor auf und schloss sich der von Jean Vanier gegründeten „Arche"-Bewegung eines gemeinsamen Lebens mit behinderten Menschen an. International bedeutender geistlicher Autor.

Huub Oosterhuis, geb. 1933; Priester und Dichter; schreibt seit vielen Jahren für die Liturgie der Amsterdamer Studentengemeinde. Zahlreiche Veröffentlichungen.

Karl Rahner, 1904–1984; Jesuit, Theologe, Konzilsberater.

Rainer Maria Rilke, 1875–1926; einer der bedeutendsten und prägendsten deutschsprachigen Dichter des 20. Jahrhunderts.

Anton Rotzetter, geb. 1939; Dr. theol., Kapuzinerpater, Seminarleiter, Dozent; zahlreiche Publikationen.

Johann Michael Sailer, 1751–1832; bedeutender Reformtheologe der Nachaufklärungszeit, ab 1828 Bischof von Regensburg.

Ulrich Schütz, langjähriger Verlagslektor, Übersetzer und Herausgeber der Texte Phil Bosmans, Organisator und Inspirator des deutschen „Bundes ohne Namen".

Andrea Schwarz, Industriekauffrau und Sozialpädagogin, heute in der Seelsorge und als gefragte Referentin tätig; eine der meistgelesenen christlichen Autoren unserer Zeit.

Christa Spilling-Nöker, Dr. phil., ev. Pfarrerin mit pädagogischer und tiefenpsychologischer Ausbildung. Zahlreiche Veröffentlichungen.

Sabine Stadtfeld, geb. 1957; Autorin, Lektorin und Mitarbeiterin des Centro Interculturale Villa Palagione.

Pierre Stutz, geb. 1953; spiritueller Begleiter, Dichter und Autor viel beachteter Bücher.

Sascha Veitl, geb. 1973, Fachlehrer an einer Berufschule, Heilpraktiker für Psychotherapie, Autor.

Joachim Wanke, geb. 1941; Dr. theol., seit 1981 Apostolischer Administrator, seit 1994 Bischof der katholischen Diözese Erfurt.

Gute Gedanken für jeden Tag

Für jeden Tag ein gutes Wort
Texte von Phil Bosmans, Anselm Grün, Anthony de Mello, Henri Nouwen, Andrea Schwarz
Preiswerte Sonderausgabe im Großdruck:
400 Seiten, gebunden mit Lesebändchen · ISBN 3-451-28817-6

ANSELM GRÜN
Mit Herz und allen Sinnen
Gute Gedanken für jeden Tag
400 Seiten, gebunden mit Lesebändchen · ISBN 3-451-28575-4

ANDREA SCHWARZ
Und jeden Tag mehr leben
Ein Jahreslesebuch
400 Seiten, gebunden in Halbleinen, mit Lesebändchen
ISBN 3-451-28228-3

PHIL BOSMANS
Leben jeden Tag
Ein Jahresbegleiter
Übertragen und herausgegeben von Ulrich Schütz
400 Seiten, gebunden in Halbleinen, mit Lesebändchen
ISBN 3-451-26715-2

PIERRE STUTZ
Der Stimme des Herzens folgen
Jahreslesebuch
400 Seiten, gebunden mit Lesebändchen · ISBN 3-451-28743-9

ANTHONY DE MELLO
365 Geschichten, die gut tun
Weisheit für jeden Tag
Sonderausgabe in großer Schrift
256 Seiten, zweifarbig gestaltet, gebunden mit Lesebändchen
ISBN 3-451-29245-9

HERDER

Vitamine für die Seele

ANTHONY DE MELLO
Der springende Punkt
Wach werden und glücklich sein
Mit Illustrationen von Jules Stauber
224 Seiten, gebunden · ISBN 978-3-451-27918-8
Köstliche Weisheitsgeschichten: Eine unkonventionelle Anleitung zu einem Leben frei von Zwängen, frei von Enttäuschungen, frei von Ängsten. Wer den Mut hat, sich darauf einzulassen, wird es erleben.

ANSELM GRÜN
Dem Alltag eine Seele geben
144 Seiten, Klappenbroschur · ISBN 978-3-451-28403-8
Wie keinem Zweiten gelingt es Anselm Grün, die Schätze der Tradition für die Gegenwart zu heben und zu übersetzen. Leitgedanken für ein vertieftes Leben gerade in der Normalität des Alltags.

PHIL BOSMANS / ULRICH SCHÜTZ
Jedes Herz braucht ein Zuhause
128 Seiten, farbig illustriert, mit über 50 Abbildungen,
gebunden in hochwertigem Einband mit Fotoschild und Prägung
ISBN 978-3-451-28680-3
Bisher nicht in Buchform veröffentlichte Texte mit dem unnachahmlichen „Bosmans-Ton" führen durch die Zeiten des Jahres, die zugleich Zeiten des Lebens, Zeiten der Seele sind.

ANDREA SCHWARZ
Ich mag Gänseblümchen
Unaufdringliche Gedanken
112 Seiten, Paperback · ISBN 978-3-451-28818-0
Der absolute Bestseller von Andrea Schwarz: hier bringt die Erfolgsautorin Lebensgefühl und Sehnsucht unserer Zeit auf den Punkt.

HERDER

Spirituelle Impulse

ANSELM GRÜN
Ein ganzer Mensch sein
Die Kraft eines reifen Glaubens
128 Seiten, zweifarbig gestaltet, Paperback · ISBN 978-3-451-28897-5
Wie finde ich zu einem reifen Glauben? Auf diese Frage antwortet Anselm
Grün aus seiner reichen theologischen und psychologischen Erfahrung in
der Begleitung von Menschen.

LUDGER SCHULTE
Gott suchen – Mensch werden
Vom Mehrwert des Christseins
192 Seiten, gebunden · ISBN 978-3-451-28917-0
In zupackender Sprache führt der Autor von den Sehnsüchten der Menschen unserer Zeit zur Antwort des christlichen Glaubens auf die Frage
nach einem gelingenden Leben.

HENRI NOUWEN
Du bist der geliebte Mensch
Religiös leben in einer säkularen Welt
Neuausgabe, 128 Seiten, gebunden · ISBN 978-3-451-29282-8
Eines der erfolgreichsten und intensivsten Bücher Henri Nouwens für alle,
die auf der Suche sind, wie sie mitten im Alltag unserer westlichen Welt zu
einem spirituellen Leben finden können.

GISELA IBELE / THERESE NOLTE
Mehr Himmel wagen
Nicht-alltägliche Exerzitien
128 Seiten zweifarbig gestaltet, mit 40 Abbildungen, gebunden
ISBN 978-3-451-28919-4
Mit allen Sinnen glauben – 40 unkonventionelle Exerzitien für den Alltag.
Zu jedem der 40 Tage gibt es Kurzmeditationen, einen praktischen Impuls,
eine farbige Abbildung und einen Gebetstext.

HERDER

Umschlagmotiv:
© gettyimages/Martin Ruegner

Alle Rechte vorbehalten
© Verlag Herder Freiburg im Breisgau 2007
www.herder.de
Umschlaggestaltung: Jäger & Jäger Kommunikationsdesign
www.jaegerundjaeger.de
Satzgestaltung: SatzWeise, Föhren
Druck und Bindung: fgb · freiburger graphische betriebe
www.fgb.de

Gedruckt auf umweltfreundlichem,
chlorfrei gebleichtem, säurefreiem Papier
Printed in Germany

ISBN 978-3-451-29396-2